JN086042

質の高い
研究論文の

多様な論者の視点から見えてくる，
自分の論文のかたち

書き方

青島矢一 [編著]

東京　白桃書房　神田

まえがき

■ ■ ■

経営現象を扱う社会科学の研究者たちにとって「質の高い研究」とは何であるのか．本書は，この本質的な問いをどのように捉え，それに対する回答をいかに導き出しているのかを，多様な研究者たちに書き留めてもらった論考を集めたものである．

　本書の元となっているのは，私が編集長をしていた2019年夏に刊行された『組織科学』誌の第52巻第4号「質の高い研究論文とは？」という特集号である．これに，新たに4つの書き下ろしの論考を加えることによって本書は構成されている．通常，『組織科学』誌の特集は，特定の研究領域や研究テーマに対応した学術論文によって構成されている．その点からすると，少々異例な特集号ではあったが，編集会議では反論はなく全員一致で決定された．

　研究者であれば，「質の高い研究論文とは？」という問いを，一度は考え悩んだ経験があるはずだ．特に若い研究者は，この問いに対する自分なりの回答を模索している段階にあるのかもしれない．それゆえ，既に学界において一定の評価を得ている研究者が，この問いについてこれまで考えた軌跡を書き留め，それを伝えることにはおそらく需要があるだろうし，また有益なことだろうと考えた．その考えは当たり，特集号が出版された後，何人もの若手研究者から反響があった．そうした反響に対応して，このようにあらためて書籍として出版することにしたのである．

研究者，特に社会科学の研究者は，研究を進める上で，複数の異なる「引力」の狭間で悩むことが多い．そしてその悩みは，近年ますます大きくなっているように思う．

　ほとんどの研究者は「好きで面白い」から研究を始め，それを続けている（はずだ）．その点では迷いはないように見える．しかし一方で，「世の中の真理を探究する」という責務が研究者には課せられている．企業の商品開発とは異なり，社会科学の研究がすぐにお金を生むことはまずない．一生，お金にはつながらないことも多い．それでも人々の支援（税金など）が継続するのは，真理の探究に人々が期待しているからである．自分が好きでやっている研究はこの真理の探究に貢献しているのだろうか．ここに1つの悩みがある．

　また，特に経営学のような実学の場合，単なる真理の追究にとどまらず，場合によってはそれよりも，「社会にとって役に立つ」研究を求められることも多い．近年は，政府系の研究資金を獲得するときでも，社会還元／社会実装の方策や努力が強く要求されるようになっている．自分のやっている研究は，実務の世界を改善できる示唆を提供できるのだろうか．実務家の心に「響く」研究になっているのだろうか．ここにもう1つの悩みが生じる．

　さらに研究者には「国際的な学術コミュニティで認められる」研究をすることがますます求められている．特に近年は，大学や研究機関の国際競争力の向上が強く叫ばれるようになり，査読付きの国際雑誌への論文掲載が研究者のキャリア形成上不可欠となっている．一流の査読雑誌に掲載されるためには，国際的な学術コミュニティが認める基準に沿って研究の質の高さを示す必要があり，そこでは，研究に学術的貢献があることを説得するための作法も重要となる．日本の経営学が国際的な潮流と多少距離を置いて発展してきた経緯もあり，国際標準に合った研究論文を量産するには追加的な努力が必要となる．国際標準に合わせたこうした研究活動が，自分が面白いと思う研究や，真理に近づくと思うような研究，社会に役に立つと思う研究と必ずしも整合しないとき，研究者はどこに向いて研究をすればよいのだろうか．

ここにさらなる悩みがある.

　「自分の好きな研究」「真理に近づく研究」「社会の役に立つ研究」「国際的な学術コミュニティで認められる研究」の4つ全てが（主観的にでも）一致していることが理想であり，本質的にはそうあるべきである．しかし現実にこれらが一致することは稀である．だから研究者は，なるべく4つが両立するような研究テーマを見つける努力をする一方で，4つの力の間での力点の置き方やバランスの取り方について「自分なりの」選択をする必要にも迫られる．この選択がないと，「質の高い研究」の基準がないまま，右往左往することになってしまう.

　研究の方向性の異なる「引力」のテンションの中で，どのように「質の高い研究」を定義し，研究の方向性を定めればよいのか．この問いに対する自分なりの回答を見つけ出す上でのヒントを，特に若い研究者に向けて提供することが，本書の狙いである．研究スタイルの異なる，実績ある研究者の人たちに，「質の高い研究」に関する持論を述べてもらい，それを一覧することによって，共通する悩みの本質を浮き彫りにすると同時に，多様な選択肢の存在を伝えたいと考えた．読者のみなさんが，本書を読み通し，各論考の立場を相対化して捉え，その中に，「自分なりの」質の高い研究の基準を見つけることを願っている.

2020年12月16日

編者　青島矢一

目　次

Akira Takeishi

武石 彰
学習院大学 経済学部 教授

質の高い研究論文の評価軸
強く，清く，美しく

はじめに

「質が高い」とはどういうことか．

　難しい問題だが，ひとまず，質と対比される概念は量だろう．定量化できない何かを基準にして優れていると評価される．これが「質が高い」ということだろう.

　論文の定量的評価では，インパクトファクターの高い学術誌に掲載されているとか，被引用件数が多いといった指標を用いることが考えられる．それが質的評価と整合しないというわけではない．質的評価が高い論文は「トップジャーナル」に掲載され，後に続く多くの論文に引用されるということは大いにありえる話だ．ただ，そういう結果論ではなく，質の高さを論じる基準を示す必要がある．それは事後的な定量的評価と場合によっては整合しないかもしれない．人知れず岩陰で咲いている一輪の珍しい花のように，マイナーな学術誌に掲載され，あるいはワーキングペーパーとしてのみ公開され，多く引用されることもないが，ごく一部の人が重視する基準からは高く評価される．そういう事後的に定量的評価と一致しないこともある評価軸を提示することも，質的評価を論じる上で大切となる．

　競争戦略論やマーケティング論では，商品の定量的評価，つまり価格では

なく質で勝負することを「差別化」といい，差別化にはさらに「垂直的差別化」と「水平的差別化」がある．前者では，質の高低の評価について主要な顧客の間でほぼ合意されており，多くの顧客が質が高いと評価するものは価格が高く，質が低いと評価するものは価格が低くなる．つまり，定量的評価と大きな矛盾はない．乗用車を例にとれば，大衆車に比べて高級ブランド車の質が高いという認識は，垂直的差別化にあたる．

　他方，水平的差別化になると，顧客の間で合意がない．欧州の高級車の内，ドイツ車，イタリア車，イギリス車の中でどれが優れているかは好みによって意見が異なり，それぞれにこだわりを持つ顧客の間で評価は収斂しない．その違いは価格差では表現しきれず，定量的評価では扱いきれない．それだけに，「差別化」の醍醐味，質的評価の面白さ，意義は，「水平的差別化」の方に軍配が上がるといえるかもしれない．

　本論では，質の高い研究論文とは何かという問いに対して，垂直的な（多くの人に合意していただける）評価軸を示すことを目指しつつ，水平的な（特定の人にしか通用しない）評価軸を示すことも恐れずに，議論を試みようと思う．

　結論をあらかじめ簡潔に述べるならば，筆者が考える「質の高い」論文とは「強く，清く，美しい」論文である，となる．三つの要件は，いずれも垂直的評価軸と水平的評価軸を含んだ議論になるが，並んでいる順に比重が垂直から水平にシフトする．つまり，後になる程より水平的評価軸の比重が大きい（特定の人にしか通用しない）議論となる．また，そもそもこの三つを重視すること自体に水平的評価が働いている．このことをあらかじめご承知いただきたい．

　さらに二つ，議論を始める前にお断りしておくべき点がある．

　まず，本論で扱うのは因果関係の解明に主眼を置いた実証研究の論文[1]とする．理論的な考察に主眼を置いた論文や，観察事実を記述すること自体に主眼を置いた論文は対象外となる．ただし，理論的な考察もその意義は現実との関係から評価されるとしたら，本論の議論は理論的研究の質的評価と多

少の関係はあるだろう．また，純粋な記述を目的とした研究であってもその記述の背後には特定の視座（なぜ特定の事実に関心を寄せ，他の事実には関心を寄せないのか）が関わっているとしたら，やはり本論の議論は記述的研究の質的評価と多少の関係はあるだろう．

　もう一つ，本論は学術的な観点から質的評価を論じる．ある研究論文の質的評価を実務的な観点から論じることも可能だし，重要である．分析方法の不備や既存研究への言及の不足など学術的論文として瑕疵があったとしても，実務的には高く評価されることは大いにありえる．しかし，本論は研究者を主たる読み手として想定しており，また筆者自身が実務的な評価軸を持ち合わせていないので，実務的観点は扱わない．ただし，本論で提示する「質の高い研究論文」は，ある種の実務的な観点から意義ある論文となる可能性はある．この点については最後に触れる．

強　い

　「強い論文」とは何か．端的にいえば，有力な対抗理論と対峙してそれを反証しながら自らの理論を立証する論文である．この考え方は，社会学者のスティンチコムが理論構築の方法について論じた著作の中で強調しているものだ（Stinchcombe, 1968）．そのエッセンスは次の通りである．

　自らが主張したい因果の理論を立証するには，理論を特定の現実に当てはめ，原因として想定している要因が実際に結果をもたらしたことを示さなければならない．同時に，同じ結果をもたらす可能性がある別の要因が原因として作用したのではない（明らかにした因果関係が擬似ではない）ことも示さなくてはならない．主張する理論の「内的妥当性」を確保するためにはこの両方が必要となる．

　提示する理論の説得力を高めるにはより多くの現実で検証するのが重要な方法となるが，当てはめる現実を単に増やすだけでは労多くして功は少な

い．特に似たような現実を取り上げるばかりでは能がない．当てはまる現実の範囲が広がらないし，否定できる対抗理論の種類が増えないからだ．

何らかの点で異種の現実で検証することが効果的な方法となる．とりわけ効果的なのは，他にありうる対抗理論の中でも有力なものを選んでそれを反証し，自らの理論を立証することである．対抗理論がいかにも当てはまりそうな現実を選び出した上で，その結果が，有力な対抗理論が想定した要因ではなく，自らの理論が想定している要因によってもたらされたことが示せれば，自らの理論の説得力は高まる．スティンチコムは，このような，有力な対抗理論を反証しつつ自らの理論を立証する実証研究のデザインを「決定的実験（crucial experiment）」と呼んだ．

ウェーバーがいうように，社会をめぐる価値中立的な理論が存在しないとしたら，ある理論には必ず対抗する理論が存在する．この対決（ウェーバーがいうところの「神々の闘い」）に決着をつけることは学問にはできない（Weber, 1946）．理論同士の緊張関係の中に自らの研究を位置づけ，どの理論が「味方」でどの理論が「敵」なのかを明らかにした上で，自らが主張する理論をその都度実証することが研究の宿命となる．だとしたら，できるだけ強そうな相手を選び，対決することが質の高さにつながる，というのが「強い論文」の考え方である．

テニスを例えにしてみよう．あなたがテニスプレーヤーで，自分が強いことを示そうとしている，とする．説得力があるのは戦績である．これまで何試合やって，何勝したか．勝率が腕前の指標となる．だが，もしそれらの試合が，実はテニスをやったことがない子供達を相手にしたものだったとしたらどうか．強いとは思ってもらえない．強い相手と試合をした結果の勝率が必要になる．一方，もし（いささか突拍子もない空想話だが）ロジャー・フェデラー[2]と戦って，勝ったことがあるとしたらどうか．とても強いと思ってもらえるに違いない．その試合が，エキシビションマッチではなく，グランドスラムの決勝，それどころか，ウィンブルドン（全英オープン）の決勝であったとしたら，非常に強いテニスプレーヤーであると思ってもらえる．あ

るいは，ラファエル・ナダル[3] に全仏オープンで勝ったとすれば，もっとすごい評価になるだろう．これが「強い論文」のイメージだ．

　強い論文となるには対決すべき強い相手を設定することが鍵になるが，既存の研究における論争がそのベースとなる．既存研究のレビューは，一方で自らの理論の論拠となる「味方」を求めるためのものであり，他方で「敵」とすべき有力な対抗理論を見出すためのものとなる．もし「敵」が学術界で主流とされる理論で，自らの理論が新規なものであれば，質的評価は増すだろう．例えば，シュムペーターの『資本主義・社会主義・民主主義』がここでいう「強い論文」の一例だ[4]．マルクス，ケインズなどを相手に戦いを挑み，資本主義をめぐる自らの理論の勝利を主張していく論理，実証，筆致に魅了される人は多いだろう（Schumpeter, 1950）．

　歴史に残るような研究業績を生み出すためではなく，「中範囲」以下の実証的研究において質的に優れた研究を目指すのであれば，そこまで強い相手，大舞台でなくてもいい．ウィンブルドンでなくとも，地方のジュニア大会でもいい．ただ，どのレベルであれ，自分が取り上げている問題をめぐって，自分が主張する理論に対して有力な対抗理論を取り上げ，その存在を無視したり，避けたりすることなく，真正面から勝負に挑み，勝利を収める．これが「強い論文」となる．

　逆に「弱い論文」とは，テニスの経験のない子供を相手にしたテニスプレーヤーのことだ．何度試合をしても，いくら勝っても，有力な対抗理論を相手にしていなければ，評価は上がらない．英語では「straw man」，つまり，藁人形を相手にする，といういい方がある．こうなると，相手は自分が必ず勝てるように設定した架空のものとなる．そこに捏造，改ざん，盗用，偽り，不正行為が加われば，「弱い論文」どころか「卑劣な論文」となってしまう．

　「強い論文」という考え方の魅力は，強い相手を選び，相手が得意とする土俵で勝負を挑んで勝つことができれば，たった一回でも，つまり単一の事例研究であっても，大きなインパクトを残すことができる点にある．サンプ

ルの「量」ではなく，文字どおり「質」で勝負できるのだ．事例研究の方法論で有名な Yin（2017）がいうところの「理論的サンプリング」である．

アリソンの『決定の本質』はその好例だろう．サンプルはたった一度きりのキューバ・ミサイル危機であった．だが，いかにも合理的な意思決定に優れていると思われる「ベスト＆ブライテスト」の米国ケネディ政権が，何としても最良の意思決定をしなくてはならない危機的状況の中で下した意思決定が，実際には組織的な手続きや政治的な思惑，人間関係の影響を受けていたことを明らかにしたことで，「合理的モデル」の説明力に限りがあり，「組織行動モデル」や「政府内政治モデル」に説明力があることを示すことに成功した（Allison & Zelikow, 1999）．

事前に理論を設定して実証する研究ではなく，事例研究を通じて新たな理論を探索・提示する研究であっても，ことの本質は同じである．事例から理論を構築していく方法を論じたアイゼンハートは，あらかじめ理論を設定せず，事例から新たな理論を導出する研究の意義，面白さを強調している．事前に味方を決めず，事後的に味方が現れるのを待つというアプローチだ．しかし，このアプローチでも，最終的に浮かび上がった自らの理論の意義を評価する際には，既存の理論との比較が試金石になる．既存の理論とは異なる説明ができたことが，新しい理論の意義を決めるのだ（Eisenhardt, 1989）．自らの理論と対抗する理論を事前に設定するか，事後的に発見するかは違うとしても，既存の有力な対抗理論との比較・対峙が評価基準になるという点では「強い論文」の議論と同じである．

ちなみに，これもスティンチコムが前出の著書の中で指摘していることだが，定量的データに基づく統計的解析は「サンプルのバイアス」と「偶然による誤差」という実証分析において最も普遍的に存在する二つの対抗理論を反証するためにある，と述べている．その意味で，統計的分析が重要であることは間違いない．できるだけ試合の数をこなして（その中には強い相手も弱い相手も含まれる），その結果で強さを主張するというのは有力な方法であり，「優れた論文」となるだろう．しかし，それらの普遍的な敵は破ったと

しても，別にありうるとても強い特定の敵に挑んでいなければ，ここでいう「強い論文」には該当しない.

清　い

「清い論文」とは何か．それは，強い論文と逆になるのだが，自分が主張する理論の限界や弱点に対して，潔い態度，誠実な姿勢を示す論文のことをいう.

「清さ」には二つの側面がある．第一に敵への敬意を払うこと，第二に自らの問題点を認めることである.

まず，対抗する理論へ敬意を払うこと．先ほど述べた通り，学術的研究において価値中立的な真理を示すことができないとすれば（Weber, 1946），どんな理論にも必ず説明できないことがあり，他にそれが可能な理論が存在する.

フェデラーもナダルも全ての試合に勝てるわけではない．必ず負けることがある．そして敗れた相手に対してはもちろん，破った相手に対しても（筆者の見る限りでは）彼らの態度は真摯で誠実であり，とりわけ強い相手——二人にとって最も強い相手はお互いになる——に対して敬意を払っている．これが「清い」というイメージだ．自分の理論が万能でないことを認め，対抗する理論を尊敬する，その優れた点，強みを理解する，そういう態度，姿勢を持つのがここでいう第一の清さである.

もう一つは，自らの理論の負の側面を認めること．通常，因果の理論を実証する研究は，あるプラスの結果をもたらす（あるいはあるマイナスの結果を避ける／緩和する）ことに寄与する原因，つまり有効な手段を解明するためのものとなるだろう．そのことを立証した上で，しかし同時に，その手段をとることが及ぼす別の影響にも目を向け，特に何らかの価値を損なってしまう影響があることを認め，その意味を考察するのがここでいう第二の清さであ

る.

　再びウェーバーの議論となるが，社会をめぐる方策には（神々の闘いがある限り）必ず何らかのマイナスの影響がある．ある神（理論的立場）を信じることは他の神を冒涜することを意味する．ある価値観（理論）を前提に選んだ手段をとることでもたらされる別の価値観にとってのマイナスの影響は，意図したものではないとしても，「意図せざる結果」として作用する．何かを処方すれば必ず何かの副作用がある．このことを明らかにすることが学問には求められる（Weber, 1946）.

　実証研究は特定の因果関係に集中して分析しなければならない．そうでなければ「強い論文」にはならない．だが，同時にある原因が他の結果にもたらす望ましくない影響にも関心を寄せるのが「清い」論文となり，それは，現実が内包する矛盾を直視する深みのある研究となる.

　二つ目の「清さ」は一つ目の「清さ」とは異質の問題である．だが，結果として損なわれる価値が，対抗理論が重視しているものである場合には――それは往々にしてあることだろう――実は二つの「清さ」は密接に関係していることになる.

　「清さ」は「強さ」と矛盾するので，わかりにくいし，相反することを追求することは至難の技だ．そもそも，敵を敬い，自分の問題点を気にするような弱気な姿勢，自虐的な態度では，強い相手には勝てない．自らの強さを信じ，敵に正面から対峙し，必死に戦いぬき，勝利を収めなければならない．だが，100% の勝利がありえない以上，「清さ」は欠かせない．さらにいえば，敵を見下し，盲目的に自信過剰なままでは，本当に強い相手に勝ち抜くことは難しいだろう．清さが強さを導くのだ.

　前出のシュムペーターの『資本主義・社会主義・民主主義』は「清い」という点でもふさわしい例である．マルクスの理論を徹底的に論破する一方で，歴史の流れの中で経済社会の変化を分析したマルクスの視座を高く評価しているし（一つ目の清さ），自身が解明した経済発展を牽引する資本主義の創造的破壊のプロセスが社会にもたらす負の影響について広く，深く分析，

考察している（二つ目の清さ）．

　「清い」論文は，結果として，議論が豊かなものになる．現実へのインプリケーションや残された課題をめぐる考察の「質」が高くなるのだ．今回の試合で勝てた条件を慎重に吟味し，違う結果になってしまうかもしれない可能性について丁寧に検討し，誠実に語るのである．万能薬ではないことを認め，副作用を明らかにし，注意しながら処方するよう明記するのである．

　「清さ」は次の研究へ向けての課題を明らかにすることにも寄与するだろう．研究論文では「残された課題」を提示するのが基本作法となっている．ここで多くの論文が判で押したように書くのが，「別の事例，サンプルに当てはめる」「他の業種，企業，国で検証する」というものだ．これはもちろん重要な課題である．だが，それは，研究の内容に関係なく，「サルにも書ける」（と書くのは猿に失礼になるので，カタカナにしておいた）ことである．そうではなくて，どのような潜在的欠点があるのかを自ら明らかにし，それを乗り越えるには次にどのような研究が必要なのかについて綿密な議論を提示できてこそ，質の高い研究となる．研究の妥当性を高めるよう最大限の努力をし，その上で残された重要な課題を潔く認め，今後の研究の方向を示す．これが「清い論文」によって導かれる豊かな議論となる．

美しい

　最後は「美しい」．これは最も主観性の高い評価軸であり，特定の人にしか通用しない「水平的評価軸」をめぐる議論となる．ただ，質を論じることの醍醐味であり，ごく手短にすませるので，お許しいただきたい[5]．

　「美しさ」の基準の一つは，高い「統合度」である．藤本・クラークが自動車産業における製品開発のあり方を実証分析した際に自動車の品質（質的評価）の基準として用いた「製品統合度（product integrity）」に近い概念である（Clark & Fujimoto, 1991）．論文を構成する各部分が，論文の主張に向かっ

て相互に密接に関係しあいながら統合されている．そういう論文である．

　統合度の高い論文は，構造上のバランスも良くできている．論文の前半で示される問題意識や既存研究のレビューで述べたことがしり切れとんぼに終わらず，後半の結論部分で受け止められ，さらに次の研究へと繋がっている．そういう論文である．

　統合度の高い論文を理解するには，そうでない論文をイメージする方がわかりやすいかもしれない．統合度が高いとはアーキテクチャ論でいう「すり合わせ（統合）型」である．対比される「組み合わせ（モジュラー）型」は準分解可能で，各部分は相互に自立しており，つなぎ方のルールさえ守れば，部分を交換しても全体への影響は小さい．分析内容にかかわりなく，「他の事例，サンプルに当てはめるのが今後の課題である」と書く論文はモジュラー型論文の典型である．そういう論文ではなく，各部分が欠かせない役割を担い，相互に関係し合いながら，結論と今後の課題の提示に向かって無駄なく組み上げられているのが「統合度の高い」論文となる．

　文章や議論の流れの美しさについても触れたいところだが，それはより水平的な評価軸になるし，筆者にはそのことを語る資格がない．これらも重要な評価軸となることを指摘するだけにとどめよう．

5

結びに代えて

　強く，清く，美しく．三つの要件は，冒頭でも述べた通り，垂直的評価軸の比重の高いものから水平的評価軸の比重の高いものへ，という順番に並んでいる．「強い」は多くの人々に賛同してもらえる基準ではないだろうか．「美しい」になると，意見が合わない方も少なくないだろう．

　三つの要件はそれぞれに重要であるが，相互に関連しあう面がある．特に「強い」と「清い」は一面で相互に矛盾するが，他面で補完しあう関係にもある．先ほども述べた通り，強い敵を設定し，その敵に対して敬意を表する

からこそ，自らの弱点を認識することが可能になり，弱点を認識しているからこそ，勝利を目指してより強くなれる．強い敵を認めない者，自らの弱点を知らない者に成長はない．「強さ」と「清さ」は密接に関係しており，両方を兼ね備えた論文を「凛とした論文」と表現してもいいかもしれない．

　強く，清いからこそ，美しい論文となる，という関係も成立する．強く清い論文は統合的で議論の流れ，構造が整った論文に仕上げやすいはずだ．さらに，再び引用するが，スティンチコムは「決定的実験」に対する「美的反応（esthetic reaction）」こそが真の研究者の中心的目印（central mark）だといっている（Stinchcombe, 1968）．強い相手と見事に戦えているかどうかは，美的評価の領域とされているのだ．同様に，自らの弱点を認める姿勢，相手への尊敬を示す態度もまた美しいといえるのではないか．強い相手を視野に入れず，自分の弱みにも気がつかず，自己満足，自信過剰，尊大な論文は「醜悪」であるといえるなら，その反対の「強く，清い」論文は美しいといっていいだろう．

　最後にもう一点．冒頭で，本論は実務的な観点による質的評価は論じないと述べた．だが，「美しい」論文はさておき，「強く，清い」論文は実務的観点からも高い質的評価を受ける可能性はある．一元的な解を欲し，万能薬を求める実務的観点からすれば，本論が唱える「質の高い論文」は低い評価しか得られないだろう．しかし，多元的な判断のための材料，副作用を知った上での処方箋を求める実務的観点であれば，「強く，清い」論文は質的に高く評価される可能性を持っている．学術的に質の高い論文は，実務的にも高い価値を持ちうるのだ．

[注]
1）　本論でいう「論文」には，学術誌などに掲載される論文だけでなく，本も含まれるが，表記の煩雑さを避けるため，「論文」と記す．
2）　ロジャー・フェデラーはスイス出身のプロテニス選手で，これまでテニスのグランドスラム大会（世界4大大会）で史上最多の優勝回数（20回）を誇っている．特に芝生のコートを得意とし，全英オープン（ウィンブルドン）では5連覇を含む8回の優勝と4回の準

優勝を記録し，同大会での通算成績は101勝13敗となっている（2020年11月現在）.
3） ラファエル・ナダルはスペイン出身のプロテニス選手で，グランドスラム大会でフェデラーと並ぶ優勝回数（20回）を誇っている．特にクレーコートで強く，全仏オープン（ローラン・ギャロス）では無類の強さを誇り，5連覇を含む13回の優勝を記録し，同大会での通算成績は100勝2敗，決勝では一度も負けたことがない（2020年11月現在）.
4） この本は，必ずしも学術的な著作として書かれたものではないので，「研究論文」の範疇を外れてしまうかもしれない．ただ，学術的な議論を踏まえ，強力なライバルたちを論破していくその姿勢は，本論でいう「強い論文」のイメージによく適合する.
5） ちなみに，若い頃から何度も強い相手に勝ち，記録を塗り替えてきたフェデラーが「強い」ことは明らかであり，また対戦相手に示す真摯な態度から「清い」といっていいだろう．同時に筆者は，そのフォーム，プレイスタイルが「美しい」と評価している．この三つ目の評価については，主観性が強く，賛成してくれる人は少なくなるかもしれない．だが，筆者にとって，フェデラーのテニス選手としての質的評価を論じる上では欠かせない軸となる.

[参考文献]

Allison, G. T., & Zelikow, P. (1999). *Essence of decision: Explaining the Cuban missile crisis* (2nd ed.). Pearson Education, Inc. (漆嶋稔訳『決定の本質―キューバ・ミサイル危機の分析 [第2版]―』日経BP社，2016）.

Clark, K. B., & Fujimoto, T. (1991). *Product development performance*. Harvard Business School Press（田村明比古訳『製品開発力―自動車産業の「組織能力」と「競争力」の研究 [増補版]―』ダイヤモンド社，2009）.

Eisenhardt, K. (1989). Building theories from case study research. *Academy of Management Review, 14*(4), 532-550.

Schumpeter, J. A. (1950). *Capitalism, socialism and democracy* (3rd ed.). Harper & Row（中山伊知郎・東畑精一訳『資本主義・社会主義・民主主義 [新装版]』東洋経済新報社，1995）.

Stinchcombe, A. (1968). *Constructing social theories*. Chicago University Press.

Weber, M. (1946). Science as s vocation. In E. H. Gerth & W. Mills (Eds.), *From Max Weber: Essays in sociology* (pp. 129-156). Oxford University Press（尾高邦雄訳『職業としての学問』岩波書店，1980）.

Yin, R. (2017). *Cases study research and applications: Design and methods* (6th ed.). Sage Publications（近藤公彦訳『ケース・スタディの方法 [第2版]』千倉書房，1996）.

Kazuhiro Asakawa

浅川和宏
慶應義塾大学 大学院経営管理研究科 教授

経営研究の国際標準化時代に
おける質の高い論文の条件
日本からのアプローチ

序　論

　経営研究の国際標準化の流れが世界的に加速化している．以前の経営学では国・地域ごとに異なる経営問題が検討され，研究テーマやアプローチも地域性が反映されていたが，今日ではそうした地域特性は急速に影を潜めている．経営研究が盛んなアジアや欧州各国において，その研究スタイルが急速にアメリカ式のスタイルに同質化しているからだ．アジアでは，主要経営大学院を中心に，投稿論文の大方がアメリカの実証系スタイルに形式的には追随していったが，その結果，アジアに根差した研究より国際標準の理論，方法論でアジアのデータを検証する傾向が顕著になった（Meyer, 2006；Tsui, 2007；Leung, 2007）．また欧州でも James March が米欧各4誌の比較分析により明らかにしたように，欧州各国のトップスクールにおける研究パラダイムのアメリカ化が加速し，アメリカ式研究パラダイムが欧州の学界に浸透している（March, 2005）．Joseph Lampel も，欧州の戦略論研究は本来アメリカ方式とは異なった特徴（全体包括型の欧州と分析型のアメリカ）を有してきたが，もはやそうした明確な区分けが困難になったと論じた（Lampel, 2011）．

　そのような中，幸か不幸か日本の経営研究は国際標準化の流れの蚊帳の外にあり，依然かなりの独自性を維持している．しかしながら，日本の経営研

究にもその変化の兆候は明らかに認められるようになった．今後の国際化時代の日本の経営学にとってどのような研究論文が質の高い論文と考えられるのか．筆者の考えでは，国際標準レベルを満たしつつ，日本の独自性を活かして世界に対してインパクトのある研究成果を世に問うことができるかが鍵だと考える（Asakawa, 2014）．そうした考えを前提に，国際標準化時代の日本の経営研究にふさわしい質の高い論文の条件とその達成に向けての提言を以下で展開させていただく．

2 国際標準の基準
クリアすべき必要条件

経営研究の国際標準化の中で，世界で評価される質の高さを備えるにはまずは厳密性（rigor）と関連性（relevance）を共にクリアする必要がある．これが第一条件である．厳密性と関連性をめぐる議論は，アメリカ経営学界でも長年 Academy of Management（AOM）などを中心に議論されてきた（Gulati, 2007；Peng & Dess, 2010）．以下，国際標準の大前提となる厳密性と関連性について検討したい．

1 2つの厳密性（rigor）

「厳密性（rigor）」と言えば，通常「方法論的厳密性（methodological rigor）」を想起するだろう．論理的かつ精緻なモデル，研究設問に適合した分析手法，データと変数の信頼性と妥当性，など科学的厳密性を意味し，質の高い論文に必須条件である（Shrivastava, 1987）．それに対し，もうひとつは「概念的厳密性（conceptual rigor）」であり，理論，概念，モデルがその研究領域において受け入れられた作法に準拠して定義，提示，検討されているかを意味する（Shrivastava, 1987）．同じ用語であっても，当該分野で展開されてきた概念にまつわる理論的背景を無視して全く異なる意味で安易に使われているケースが散見される．それが問題となる．

　我々日本の研究者がアメリカのジャーナルへの投稿を目指す際，まず気がかりなのは方法論的厳密性だろうが，実はリジェクトされる投稿論文の多くが概念的厳密性を満たしていないという実態がある．この点に関連し，*Academy of Management Journal*（*AMJ*）のエディターであった Gerard George は，特にアメリカ国外の投稿者による投稿の落とし穴として，先行文献はやたらと引用するが理論仮説を根拠づけるだけの厳密な概念定義と当該分野の研究動向との正確な理論的関連づけが欠けている点を指摘している（George, 2012）．同じテーマ，概念でも自国とアメリカの経営学での展開は異なるゆえ，アメリカ経営学における理論，概念，モデルの正確な理解なくしては，アメリカのジャーナルのエディターや査読者からその論文の貢献に関する正当な評価は得られないと指摘する．

　以上のことから，厳密性は単なる方法論的精緻さの範疇を超えて捉えられねばならないと言える．この2つの厳密性の重要性は，アメリカの Strategic Management Society（SMS）発行の *Global Strategy Journal*（*GSJ*）の前編集長であった Steve Tallman が繰り返し強調したことであった．

2　2つの関連性（relevance）

　一方，2つの関連性（relevance）とは，「実践的関連性（practical relevance）」と「学問的関連性（academic relevance）」のことであり，これまでにも Richard Daft と Arie Lewin により類型化されてきた（Daft & Lewin, 2008）．前者は実務界にとっての適合性，有用性のことで，関連性としてはまずイメージするものだろう．それに対し，後者は特定の学問領域にとっての関連性を意味しているが，実は後者が不十分で投稿論文がリジェクトされるケースが相当数あるという．特にアメリカのジャーナルの場合，学問的関連性の問題で，海外からの投稿者の大方がリジェクトされるという．

　先程の Gerard George も指摘するように，特にアメリカ国外の投稿者からの *AMJ* への投稿論文は，現在 *AMJ* などで論点となっている学問的議論との関連付けが全くない比較経営分析では学問的関連性を満たしていないと

言われるという（George, 2012）．こうしたジャーナルの守備範囲と投稿論文との不適合が大きな問題となっている．例えば *Asia Pacific Journal of Management*（*APJM*）ならアジアに関係するテーマを，*Journal of International Business Studies*（*JIBS*）なら複数国にまたがる経営問題を対象としていることを押さえておくことが肝要であると，過去の編集長も強調している（Ahlstrom, 2012；Eden, 2010）．

　以上のことから，日本の経営研究論文が国際標準をクリアするには，厳密性と関連性の基準をクリアすることが不可欠である．自らの論文がここで言う国際標準を満たしているかチェックする方法として，国際学会への定期的参加などを通じ，何よりも自分の研究分野におけるアカデミック・コミュニティーを国際的に持ち，常にその中で対話することで自分の研究の水準をチェックすることが重要だと考える．

3　リジェクトされやすい論文の特徴

　また，国際標準と向き合う際に，リジェクションと切り離すことはできない．採択率5％のジャーナルの場合，大方の投稿がリジェクトされるわけだから，リジェクト前提で前向きに取り組むほかはない．Starbuck（2005）の調査でも，本来トップジャーナルに掲載されるべき最優良投稿論文でさえ，一定の割合でリジェクトされているそうだ．そうであれば，ある程度事前に，どのような論文がリジェクトされる可能性が高いのかを知っておくことも有効だろう．

　AOM などのアメリカ系国際学会での若手指導セッションのパネリストとして同席した先輩・同僚諸先生のコメントなどは大変参考になる．例えばWill Mitchell によると，投稿論文の序文冒頭が肝心だそうだ．彼は，最初の段落に，トピック，既知の知見（通説），本研究で埋める予定の研究ギャップ，研究設問が明示されていないものは，全体が曖昧だといつも強調している．Mike Peng は，投稿論文がやたらだらだら長いだけで，かなりネガティブの要素となると言う．また，投稿論文の貢献（contribution）が明確に

記載されていない論文は話にならないと言う．更に，やたらと冗長な序章，研究設問のない序章，結果のセクションで突然新たな概念や理論を導入するもの，などもダメな典型例だとよく語っている．Steve Tallman は，かつて *GSJ* の編集長として，ジャーナルの対象領域や特徴との不適合，厳密性の欠如，新規性がなく退屈なもの，がリジェクトのターゲットとなると説いている．筆者自身も *GSJ* のアソシエート・エディター時代，リジェクトの際には"B-M-W"と小声で呟いていた．ちなみに"B-M-W"とは筆者の造語であり，そうした専門用語があるわけではないが，B（Bad）は，厳密性（rigor）が欠如していること，M（Mediocre）は，新規性，独創性がないこと，W（Wrong）は当該ジャーナルにテーマやアプローチが適合していないことを示している．勿論すべての基準を申し分なくクリアする論文など滅多に無いが，リジェクトされる論文はたいてい B-M-W のいずれかに弱点がある．

4　インパクトある論文ないし著者の特徴

　質の高い論文の一要素としてインパクトがある．厳密性や関連性をクリアしてジャーナル掲載に成功しても，直ちにインパクトには結びつかない．それゆえ，インパクトを伴う論文の要件については，ここで別途整理しておく必要がある．組織研究分野においてインパクトを最大化する要件を検討した Shaker Zahra と Lance Newey は，理論構築のあり方に注目し，学問ディシプリンおよび分野間の交差により既存のディシプリンや分野の境界線が見直され，新たなディシプリンや分野の台頭に寄与するような研究こそインパクトが大きい研究になると論じている（Zahra & Newey, 2009）．

　論文のインパクトは通常，個別論文の被引用件数で判断するのが一般的であるが，著者単位で見た場合，なかなか判断が難しいため，論文掲載数と被引用数のセットで判断される（Peng & Zhou, 2006）．Mike Peng らはグローバル戦略系論文で90年代におけるジャーナル論文掲載数と被引用数の両方の観点から最も影響力を及ぼしたと考えられる8名の学者自身（Paul Beamish,

John Hagedoorn, Jean-Francois Hennart, W. Chan Kim, Anoop Madhok, Arvind Parkhe, Mike Peng, & Aimin Yan）によるインパクトの要因を整理しているが，全員が必ず指摘することは，新規性が重要ということだ（Peng & Zhou, 2006）．そして彼らの論文のインパクトの強さについての彼ら自身による自己評価により，以下の要因があげられた．「理論構築，メタ・アナリシス，大規模レビュー，斬新な方法論」（Paul Beamish），「レビュー論文」（Mike Peng），「新たな研究論点への感受性ときちっとした作法による研究」（John Hagedoorn），「リジェクトのリスクを覚悟で斬新な理論を構築するとか，古い理論を新たなより優れた方法で検証すること」（Jean-Francois Hennart），「リジェクトのリスクを恐れず情熱と独創性をもってパラダイムを構築する試み」（Arvind Parkhe），「時間と労力を要するテーマと方法でテニュアも取れないと忠告されてもやり通すコミットメント」（Aimin Yan），「幅の広いトピックと広範囲な文献レビューにより，関心層を拡大しインパクトを高める効果」（Mike Peng や W. Chan Kim），「よい研究であって更に，執筆の表現力，伝達力が優れたもの」（Mike Peng）だという．以上は，Peng & Zhou (2006) からの選択的抜粋であるが，インパクトある論文の要素として興味深い．勿論，多く引用される要件には，様々な外部要因があり，一概に論文の質とばかりはいえない．Timothy Judge らは，論文の質のほかに，著者の知名度や勤務先大学の名声，そしてジャーナルのランクが影響することを明らかにしている（Judge, Cable, Colbert, & Rynes, 2007）．しかしその上でPeng らは，探索型研究，時系列手法，明瞭な文章表現を伴った論文などが高い被引用件数をもたらすことを明らかにした．

3 アメリカ流国際標準への過度の同質化による弊害

　以上，日本の優れた研究が国際標準レベルの基準をクリアするには，厳密性（rigor）と関連性（relevance）をクリアし，国際的インパクトにも気を配

ることが大切であることを論じた．しかし，こうした国際標準アプローチには弊害も少なくない．ここではどのような回避すべき落とし穴があるかを検討したい．

1　地域特性，文脈を活かした研究がしにくい

　研究のアメリカ流への同一化が進むにつれ，没地域文脈的研究が蔓延し，世界の投稿者が，自分の国のデータで分析しているのにその特殊文脈は抑えて，あたかも普遍的状況下における実証研究のようなふりをするケースも増えている（Meyer, 2013）．筆者の *GSJ* アソシエート・エディター在任中も，例えば中国からの投稿論文で，一切中国について触れず，論文中盤のデータの項でいきなり中国のデータを分析などと切り出すも，結局のところ理論・仮説も検証結果の解釈も，中国の文脈について一切言及がないまま終わってしまうような投稿論文が極めて多かった．そして実はこうした手法は，実際にアメリカで，外国人向けにたびたび耳にする助言でもある．しかし，そうしたやり方は成功しない場合が多い．何故ならば，アメリカ国外からの投稿論文は理論，方法論的に不十分さが残っている場合が多いので（George, 2012），その弱点を補完すべく，アジアの文脈をフルに活かしてユニークな知見を活用したほうが有利だからだ．いずれにせよ，こうした過度の同質化傾向では，地域特性，文脈を前面に活かした論文にはなりにくい．

　Anne Tsui はこの傾向を北米式研究への同質化（homogenization）の傾向と呼び，警鐘を鳴らした（Tsui, 2007）．彼女は更に2012年の AOM 会長講演において，アメリカ経営学会側に向けても世界の経営学がアメリカ式に同質化している点を指摘し，バランスを取り戻すことの重要性を訴えたのだ（Tsui, 2013）．当時中国の CEIBS に拠点を置いていた Klaus Meyer も同様の危機感から，アジア特有の問題解決のためにより有益なアジア発理論アプローチの重要性を訴えていった（Meyer, 2006）．しかし現状はそれには程遠く，若手中堅の研究者ほど，すでに世界的に評価が確立したアメリカのトップジャーナルへの掲載を第一優先に考えるため，一向にアジア固有の問題の

理解が深まらない．Kwok Leung は，その流れはもはや不可逆的であり，アジアで世界のトップジャーナルが誕生しない限り，アジア固有の研究スタイルは確立されないだろうと述べている（Leung, 2007）．

2 凡庸な三流実証研究で溢れる

世界の実証系国際ジャーナルに対し，アジアをはじめ世界中から大量の疑似国際標準的投稿があるらしい．表面的にはアメリカ流の実証論文スタイルをとっているのだが，厳密性や関連性が伴っていないものだ．おまけに，表面的体裁にこだわるあまり，独創性，新規性まで犠牲になっているものも少なくない．

3 一か八かのインパクトある研究を狙えない

トップジャーナル掲載確率を優先し，インパクトのためにリスクをとらない傾向がある．前述のとおり，90年代に被引用数の極めて多い学者の助言（Peng & Zhou, 2006）として，Jean-Francois Hennart や Arvind Parkhe は，査読段階でリジェクトされてしまうことを恐れぬ覚悟なくしてはインパクトのある論文にはなりにくいという点，更には Aimin Yan の言う，自分の昇進のリスクを顧みず時間と労力をかけてじっくり取り組む覚悟なくしてはインパクトのある論文にはならない，というポイントは，現在のパブリケーションをベースとする評価システムの下ではなかなか現実味が伴わない．また，時代をあまりに先取りした先端的論文は現状の概念的厳密性を満たさないゆえにリジェクトされる傾向にある．例えば筆者の専攻する国際経営では，Gunnar Hedlund が80年代に提示したヘテラーキー（heterarchy）という概念が当時の多国籍企業組織の進化過程のはるか先を行っていたため，トップジャーナルに掲載されなかったことは有名な話だ（Hedlund, 1986）．

4 極端に面白い，斬新な研究がしにくい

面白い研究，いわゆる Davis（1971）的な意味における反直観的研究の重

要性はたびたび説かれるが，多くの若手中堅の研究者の本音は，直観に反した研究よりも，直観的な内容で着実にパブリケーションの実績を積み上げたいというところだろう．現に *Strategic Management Journal*（*SMJ*）の編集担当の Richard Bettis らもその点に関し，数年前 *SMJ* の巻頭文において，常識を覆すような意味での面白い研究は勿論素晴らしいが，常識を前提に常識的な分析を地道に行うことからも興味深い研究が十分に生まれる，と説いていた（Bettis, Ethiraj, Gambardella, Helfat, & Mitchell, 2016）．確かにこれはトップジャーナル掲載への現実的助言であるが，その反面，この路線からではなかなか反直観的研究へはつながらない．

5 実践的関連性（practical relevance）の軽視

主にアメリカ式トップジャーナル・パブリケーション至上主義の結果，経営大学院における研究が実務界から乖離し実践的関連性（practical relevance）が低下したことへの批判が巻き起こって久しい．Sumantra Ghoshal がかつて，経営理論は実務に役立たないどころか有害であると真正面から批判し論争となった．Ghoshal は90年代にすでにビジネススクールの研究の有効性に痛烈な批判を投げかけ，Williamson と取引費用理論（TCE）をめぐり交戦していた（Ghoshal & Moran, 1996）．そして2005年に遺稿として論考が発表されている（Ghoshal, 2005）．Henry Mintzberg や Jeffrey Pfeffer らもその考えを共有している．そして Nancy Adler と Anne-Wil Harzing は，トップジャーナルに掲載される論文の多くは，社会にとっての重要性を必ずしも反映していないとまで批判した（Adler & Harzing, 2009）．こうした中，R. Duane Ireland は AOM の2014年会長講演で，AOM としては狭義の意味におけるトップジャーナル論文掲載という学識のみならず，教育，応用といった目的も重要だとした（Ireland, 2015）．こうしたメッセージは，裏を返せば今日のアメリカ経営学会がいかに狭義の厳密性（rigor）偏重かを示しているが，アメリカ流の潜在的弱点をも示唆している．

日本からの貢献の可能性

　国際標準をクリアしつつ，その弊害も回避して，日本の文脈を強みに転じるにはどうすべきか．本節では国際標準化時代における，日本の経営研究論文のあり方を模索したい．

　日本の経営研究論文の多くは，その素材の素晴らしさにも拘らず，残念ながらその必要条件である国際標準の方法論的・概念的厳密性（rigor）を満たさず，ランクの高い国際ジャーナルから早い段階でリジェクトされてしまう．しかし，少数ながらその基準をクリアした場合，今度は逆に実践的関連性（relevance）や独創性の面で有利に立つ可能性が高い．従って，日本の経営論文が国際的に評価される第一条件は，なによりも方法論的・概念的厳密性（rigor）の国際標準をクリアすることだろう．そのうえで第二に，そうした厳密性を満たしつつ，日本の文脈を最大限活かして独創性を志向するというアプローチが有効だ．以下，日本の文脈を活かすこと，独創性を発揮すること，新規性を持った面白い論文を書き上げること，を取り上げたい．

1　国際標準を満たし日本の文脈を活かす

　国際標準化時代の中で日本の経営研究論文がいかに質の高さを追求すべきかについて，図1を使用して論じてみたい．

　日本の研究スタイルは，伝統的に日本に根差した経営問題の解明とよりよき理解に注がれてきたため，これまでにローカル文脈に根差した著名な経営理論が生み出されてきた（図の右下）．そして現在，日本中心の視点を自己批判し，ある程度の国際化に舵を切り出したところだ．今後の方向性に関するひとつの極端な意見としては，日本的部分は邪魔であり，国際標準一本でいくべきだという考えもある（図の左上方向を目指す）．しかしながら，そうしたやり方は，日本固有の強みを自ら放棄することとなり，厳密性（rigor）などで国際標準も十分に達成できていない現状ではどっちつかずの極めて中途

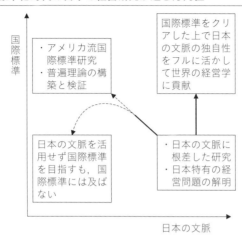

図 |　国際標準化時代の日本の経営研究が進む方向性

半端な立ち位置となってしまう（図の左上を目指すも，結果的に中央部分に停滞してしまうか，最悪の場合左下に転落してしまう）．こうした状況は，国際標準のスキルを完ぺきにマスターした少数の研究者か日本的文脈が無関係な研究分野の研究者を除いて，現実的な問題であろう．やはり目指すべきは，日本の文脈の強みを最大限活かしつつ，国際標準をクリアした論文であろう（図の右上）．我々自身も，日本の文脈はもはや過去のものだなどと自己否定せず，新たな時代にふさわしい日本的文脈に根差した理論構築のチャンスが到来していることを忘れてはならない．Meyer（2013）は，研究における文脈の重要性を強調し，その一例として野中郁次郎の研究を，当初は日本国内の組織分析から知見を導出したが，その後日本固有の文脈から導出されたユニークな視点を持ちつつ，日本を超えた普遍理論の発展に寄与したことから，世界規模で極めて強大なインパクトを誇るに至ったと分析した．

2　厳密性（rigor）の伴った独創性で勝負する

独創性はよくパブリケーションや学会賞受賞にとって重要な決め手となる

と言われるが，あくまで厳密性を伴ってこそ，その威力を発揮する．例えば筆者自身が審査委員長を務めた Academy of International Business（AIB）最優秀論文賞（テンプル大学がスポンサー）の選考時，いくら独創的な論文であっても厳密性の伴わない論文は全て最終選考には残らなかった．あくまで厳密性あっての独創性なのだ．また，ストックホルム経済大学が主催し，隔年で最優秀博士論文に授与されるグンナー・ヘッドランド賞（Gunnar Hedlund Award）の選考基準は，国際経営分野へのインパクトの大きさ，知的果敢さ，創造性，独創性などであったが，最終審査時にはその大前提として高い水準の厳密性を伴っている論文を選定していた．いずれの場合でも，独創性は大いに重要な決め手となるが，まずはその前提となる厳密性（rigor）が最低限の必要条件であることがポイントだ．トップジャーナルに掲載となる論文も同様で，「あまりに面白いが馬鹿げている」ものと「明らかに正しいが余りに退屈」の中間の丁度よい程度（just right）のあたりが適切だというのが，GSJ の前編集長の Steve Tallman が折に触れて強調していたポイントである．つまり彼が言うように，この両極端のいずれか一方に偏らず，まさにゴルディロックスの原理に基づく絶妙な最適解こそ，質の高い論文に必要な要素と言えよう．

3　日本からインパクトをねらう

　厳密性（rigor）を満たしてこそ世界の経営学者にまじめに読んでもらえる，いわば入場券を得ることが出来るのだが，その先は関連性（relevance），さらにはインパクトが重要だ．実は，筆者は日本発の経営論文の場合，高いインパクトを狙えるのではと思っている．なぜなら，日本の研究環境は前述の Hennart や Parkhe の言う，リスクを覚悟で斬新な理論や方法論を導入することが許される贅沢な環境だからだ．アメリカと違い，一定期間内にかなりの本数をトップジャーナルに掲載できなければ失職するほどのプレッシャーにはまだ置かれていないから，思う存分リスクを冒して斬新なものにチャレンジできる土壌が日本には残っている．ただし，その前に厳密性

（rigor）が伴わなければ話にならない．その意味で，日本の経営学論文の場合，何よりも第一に世界に通用する厳密性を高め，そのうえで，独創的，斬新的な理論と方法論にチャレンジしてみるのが良いだろう．アメリカ標準理論を単純に日本のデータで分析するとか，日本のデータを使っているのに日本文脈を一切出さずにあたかもアメリカでの研究のごとく粉飾するのでは，所詮インパクトは伴わない．折角日本のデータを扱うのであれば，日本固有の問題に着目し，それを国際標準の理論と照らし合わせて検討しながら，国際標準理論と日本固有の文脈をつなぐ新たな理論的貢献の可能性を追求したほうが良いだろう．

4 最後までやり抜く原動力としてのパッションを活かす

　国際化時代における論文の成功は投稿者の忍耐とも関係する．いくつものジャーナルにリジェクトされ続けても淡々と修正・改良し，投稿し続ける地道な努力を長年にわたりできる気力と忍耐力と情熱がカギとなる．以前聞いた話だが，Sheila Puffer は BRICS 時代以前からロシア研究を行っていたが，苦労しながらもある論文と長年にわたり格闘し続けた結果，新興国ブームが到来してようやくアクセプトされ，タイムリーな論文として評価されるに至ったそうだ．また，かの有名な David Teece, Gary Pisano, Amy Shuen の dynamic capability 論文も出版まで相当の年月を要し大変な苦労があったそうだ（Teece, Pisano, & Shuen, 1997）．ちなみに筆者自身もほんの数日前，8 年越しで格闘していたフルーガル・イノベーションと競争戦略理論の融合を試みた理論ペーパーがようやくアクセプトされたのだが，最後まで諦めなかった理由は，本テーマが筆者の知的好奇心の根幹にかかわるものであり，自分にとり意味のある問題だったからだ．Angela Duckworth によれば，やり抜く力（grit）こそ成功の原動力となるそうだが（Duckworth, 2016），そのカギはパッションである．その点，日本においては，研究者が若いうちから自分の愛するテーマに出会い，ライフワークとしてパッションをもって打ち込める環境，（いわゆる海外ジャーナル論文量産という）短距離走

では勝てなくても，（集大成的業績をあげるという）マラソンで勝利する可能性が備わっていると考える．Anita McGahan が2017年に行った AOM の会長講演で，世界にとって，そして自らにとって意味のあることを研究できる自由あってこそ，より優れた研究成果が生まれると説いていたが（McGahan, 2018），日本の経営学界はすでにそうした恵まれた状況にある．

結　論

　本稿では，世界の経営研究の国際標準化が進む中，日本の経営研究の今後の方向性を考えながら，質の高い論文の条件を，特に国際標準を満たす方向性と日本独自の文脈を活かす方向性の2つの側面から検討した．日本的な研究成果には素晴らしいものが沢山あるが，国際標準の観点からみると，国際ジャーナルなどで掲載されない場合が多い．その理由は国際標準的作法をクリアしていないことに起因する．そこで本稿では，まず第一に，国際標準を満たす厳密性（rigor）と関連性（relevance）を確保することが肝要であることを論じた．その上で，第二に，国際標準的流れに盲目的に迎合する弊害も指摘し，こうした落とし穴にはまらないよう留意することが重要だと論じた．更に第三に，国際標準を満たした段階でこそ，日本的な文脈に根ざした問題意識や知見が世界の経営研究に貢献しうる武器となる可能性を論じた．要するに，国際標準をクリアすることは我々が国際的土俵に立つための入場券であり，入場してしまえば，あとは我々の独自性をフルに活用して差別化した形で貢献が可能となるという考えを提示した．特に日本の研究環境について再評価すべき点は，短期的には失敗をも覚悟でリスクを恐れず斬新なアイディアを提示することのできる土壌だ．本稿でも述べたが，インパクトのありそうな論文ほどたいてい査読段階でリジェクトされる傾向にあるが，それ故，海外の若手中堅の研究者はなかなかチャレンジしたがらない．日本の寛容な研究環境こそ，インパクトを狙える論文を育むチャンスを秘めていると

考える．本稿がこれから日本を拠点に国際的に評価される論文を発信してい
かれる方々にとってひとつのヒントになれば幸いである．

〈謝辞〉

　本稿の執筆にあたり，Mike Peng, Klaus Meyer, Sea-Jin Chang, Ishtiaq Pasha Mahmood
の各氏から大変貴重な助言を頂いた．また，本稿で展開された数々のアイディアの多くは共
著者やジャーナル編集の同僚などとの長年の交流から得られた知見を反映している．

[参考文献]

Adler, N., & Harzing, A-W. (2009). When knowledge wins: Transcending the sense and
　　nonsense of academic rankings. *Academy of Management Learning and Education, 8*(1),
　　72-95.

Ahlstrom, D. (2012). Several key reasons why a paper is likely to be rejected at the *Asia
　　Pacific Journal of Management*. *Asia Pacific Journal of Management, 29*(3), 519-524.

Asakawa, K. (2014). Distinctiveness of Japan's IB research: What makes it so unique? *Japan
　　MNE Insights, 1*(1), 3-5.

Bettis, R., Ethiraj, S., Gambardella, A., Helfat, C., & Mitchell, W. (2016). Editorial: Creating
　　repeatable cumulative knowledge in strategic management: A call for a broad and deep
　　conversation among authors, referees, and editors. *Strategic Management Journal, 37*(2),
　　257-261.

Daft, R. L., & Lewin, A. Y. (2008). Rigor and relevance in organization studies: Idea migra-
　　tion and academic journal evolution. *Organization Science, 19*(1), 177-183.

Davis, M. S. (1971). That's interesting!: Towards a phenomenology of sociology and a sociol-
　　ogy of phenomenology. *Philosophy of Social Sciences. 1*(2), 309-344.

Duckworth, A. (2016). *Grit: The power of passion and perseverance*. Scribner.

Eden, L. (2010). Editorial: Letter from the editor-in-chief: JIBS publication criteria and
　　their consequences. *Journal of International Business Studies, 41*(1), 1093-1098.

George, G. (2012). From the editors: Publishing in AMJ for non-U.S. authors. *Academy of
　　Management Journal, 55*(5), 1023-1026.

Ghoshal, S. (2005). Bad management theories are destroying good management practices.
　　Academy of Management Learning and Education, 4(1), 75-91.

Ghoshal, S., & Moran, P. (1996). Bad for practice: A critique of the transaction cost theory.
　　Academy of Management Review, 21(1), 13-47.

Gulati, R. (2007). Tent poles, tribalism, and boundary spanning: The rigor-relevance debate
　　in management research. *Academy of Management Journal, 50*(4), 775-782.

Hedlund, G. (1986). The hypermodern MNC—A heterarchy? *Human Resource Management, 25*(1), 9-35.

Ireland, D. R. (2015). Our academy, our future: 2014 presidential address. *Academy of Management Review, 40*(2), 151-162.

Judge, T. A., Cable, D. M., Colbert, A., & Rynes, S. (2007). What causes a management article to be cited: Article, author, or journal? *Academy of Management Journal, 50*(3), 491-506.

Lampel, J. (2011). Town between admiration and distrust: European strategy research and the American challenge. *Organization Science, 22*(6), 1655-1662.

Leung, K. (2007). The glory and tyranny of citation impact: An East Asian perspective. *Academy of Management Journal, 50*(3), 510-513.

March, J. G. (2005). Parochialism in the evolution of a research community: The case of organization studies. *Management Organization Review, 1*(1), 5-22.

McGahan, A. M. (2018). 2017 Presidential Address—Freedom in scholarship: Lessons from Atlanta. *Academy of Management Review, 43*(2), 173-178.

Meyer, K. E. (2006). Asian management research needs more self-confidence. *Asia Pacific Journal of Management, 23*(2), 119-137.

Meyer, K. E. (2013). What is, and to what purpose do we study, international business? *AIB Insights, 13*(1), 10-13.

Peng, M. W., & Dess, G. G. (2010). In the spirit of scholarship. *Academy of Management Learning and Education, 9*(2), 282-298.

Peng, M. W., & Zhou, J. Q. (2006). Most cited articles and authors in global strategy research. *Journal of International Management, 12*(4), 490-508.

Shrivastava, P. (1987). Rigor and practical usefulness of research in strategic management. *Strategic Management Journal, 8*(1), 77-92.

Starbuck, W. H. (2005). How much better are the most-prestigious journals? The statistics of academic publication. *Organization Science, 16*(2), 180-200.

Teece, D., Pisano, G., & Shuen, A. (1997). Dynamic capabilities and strategic management. *Strategic Management Journal, 18*(7), 509-533.

Tsui, A. S. (2007). From homogenization to pluralism: International management research in the Academy and beyond. *Academy of Management Journal, 50*(6), 1353-1364.

Tsui, A. S. (2013). 2012 Presidential Address—On compassion in scholarship: Why should we care? *Academy of Management Review, 38*(2), 167-180.

Zahra, S. A., & Newey, L. R. (2009). Maximizing the impact of organization science: Theory-building at the intersection of disciplines. and/or fields. *Journal of Management Studies, 46*(6), 1059-1075.

Ryuta Suzuki

鈴木竜太
神戸大学大学院 経営学研究科 教授

質の高い論文に関する論考

1

はじめに

本稿は，質の高い[1]論文についての論考である[2]．質の高い論文は，意義のある目的ならびに問いがあり，それが明快な論理のもとで，興味深い答えに結実しているものである．より平易に言えば「無駄や無理のない」「意味のある」論文であり，この「無駄や無理のない」と「意味のある」という点が質を左右する要素ということになる．

『哲学する民主主義』や『孤独なボウリング』を著したロバート・パットナムは，アメリカ政治学会（APSA）の学会長演説において，政治学の役割について触れた上で，次のようなことを述べている．

　科学的な態度をとる研究仲間には，私は以下のように主張したい．「さいな問い（trivial question）に対して正確な解を与えるよりも，重要な問いに対して大まかな解（approximate answer）を与えることの方が，より良いのだ」と．一方，あまり科学的な態度ではない研究仲間には，以下のように主張したい．「より正確なことは，より良いのだ」と．

（Putnam, 2003, p. 252：筆者訳）

意味のある論文であっても，それが，無駄が多く，論理やデータの解釈に無理がある論文であれば，それは質の高い論文とは言えない．一方で，無駄がなく無理なく書かれた論文であっても，現実の経営組織の諸問題において，意味を持たない論文であればそれも質の高い論文とは言えない．パットナムが言うように，論文である限り，どちらか一方だけが大事なのではなく，双方が重要である．故に本稿では，「無駄や無理のない」「意味のある」の2つの点について，その要素を主に組織行動論や人材マネジメントの分野の観点から考えていくことにしたい．その上で，実際の論文の執筆において，どう注意していけば良いかということについて筆者の経験から述べていくことにする．

　しかしながら，その前に，論文とは何かということについて考えていく必要があるだろう．なぜなら，論文であることは，質の高い論文の前提条件であり，「無駄や無理のない」「意味のある」ことは，論文である上での質の良さを決める条件であるからである．いくら無駄のない，意味のある文章であっても，それがそもそも論文の条件を満たしていなければ，質の高い論文とは言えない．ただ，論文であることはそれほど難しい条件ではない．論文とは，問いと答えがあり，その答えを論証する，つまり論理的（あるいは実証的に）に主張が正しいことを示すための文章である．であるから，論文は，最初にその論文で問われる問いが読者に理解される必要があり，最後にはその問いに対応する答えが示される必要がある．そして，その間において問いの答えが文章の形で論理的につながり，論証される必要がある．質の高い論文には，まずこの論文であることの条件がしっかりと満たされる必要がある．これが充分に満たされない文章は，たとえ「無駄や無理がなく」「意味がある」ものであっても，質の高い論文にはなり得ない．この条件が満たされた上で，その論文の質の高さが評価されることになる．

　理論研究では，過去の論文の結果やロジックなどを用い，論理を補強しながら問いから答えを導くし，実証研究ではこれに加えて自身が分析したデータを用いて，問いから答えを導くことになる．いずれにせよ，論文には問い

と答えが必要であり，さらに言えばこの問いと答えがきちんと結びついている必要がある．質の良し悪しはそれからの問題である．

「無駄や無理のない」論文

　論文における質の高さという点では，「意味のある」という点がより重要であり，クリティカルである．しかし，ここではあえて「無駄や無理のない」という点から話を始める．なぜなら論文の意味がきちんと読者に伝わるということがまずは重要であるからである．そして意味のあるなしは分野や研究者によって多様であり，捉えどころがないが，無駄と無理に関しては分野や研究者にかかわらず比較的共通点があり，捉えやすい部分と考えているからである[4]．

1　「無駄のない」論文[3]

　さて，ここで言う「無駄のない」とは，必要な情報が読者に理解しやすい形で提供され，読者における論文の主張・内容の理解をスムースに促す構成で書かれていることである[5]．この「無駄のない」を阻害する大きな要素の１つは不要な概念や用語である．組織行動論では，組織の中の人間行動を理解するために，組織コミットメントや内発的動機づけなど様々な概念が用いられる．人間には複雑な側面もあることから，人間行動を正確に理解しようとすればするほど，それを説明するための概念や用語が必要になるのは必然である．しかし，それが不必要に多いと自身の主張すべき点が不明確・不明瞭になってしまうことをもたらす．質の高い論文は，問いの答えに向かって，つまりは自分の主張したい点について，必要最低限の概念と用語を用いて論理を展開している．その際，新しい概念や考え方を用いることもあれば，これまでの概念を拡張したり，組み合わせて論理を展開したりすることもある．質の高い論文においては，それがなければ説明ができないというレ

ベルまで，各々の概念や用語が吟味され選ばれている．逆に言えば，それがなくても説明ができると思われるものは，論文の中から外されている[6]．ただ注意すべき点は，少なければ少ない方が良いというわけではないことである．無理に用語や概念をまとめることや削ることは次節で述べる「無理」を生んでしまう要因にもなる．「無駄のない」とは，論文の中で用いられる概念や用語，情報の必然性を吟味した上で選択されているということでもある．

　この「無駄のない」という観点は，論文で説明される情報や表現についても同様であり，「無駄のない」を阻害するもう1つの要素は，不必要な情報や冗長な表現である．不必要な情報や冗長な表現は，読者の理解を迷わせる．一方で，必要な情報が書かれていないこともももちろん論文の質を下げてしまう．論文を読み進める中で，疑問点や納得できない点が読者の頭の中に浮かび上がってくることはよくあることだが，これらに対して情報や記述でサポートされていれば，読者の理解は著者の考えに沿って進むことになる．読者の理解のために必要な情報が適切に示されていることが質の高い論文の条件であり，このような論文においては，不必要な情報とともに冗長な表現は少ない．なぜなら弥縫策のように冗長に語らずとも，無理のない形で論理がつながるからである．その意味では，無駄のなさと無理のなさは相互に関連するものでもある．つまり，無駄のない論理展開を考えることを通じて，無理のない論理展開で論文を構成することができるし，無理のない論理展開を考えていけば，必要な情報と不必要な情報が必然的にわかってくる．ただし最後にもう1つ付け加えるとすれば，自分の主張に沿わない情報であってもそれは決して「無駄な」情報ではないことである．そのような情報を踏まえても主張の納得性や説得力があることが重要である．

2　「無理のない」論文

　「無理のない」とは論理的な飛躍が小さいことである．論文は論理的な文章であるから，あらゆる箇所においてこの論理のつながりは重要になる．質

の高い論文は，上から下へと水が自然と流れるように，このつながりが極め
て自然になされている.

　定量的な分析が主に行われる組織行動論で言えば，一般的な研究論文にお
いて論文の展開は，「問題意識→研究課題→先行研究からの知見と限界→方
法と分析結果→結論」という形になる. この4つの→が無理なくつながって
いるかが，まず重要になる. 問題意識から研究課題への展開に関しては，先
にあげたような現実の問題意識（あるいは理論的な問題意識）からいかに焦点
化された研究課題へとつなげることができるか，が問題となる. 大きな問題
意識のままに研究をすることは難しい. そしてどのような具体的研究課題を
設定することがその大きな問題意識につながるのか，納得できるフォーカス
の仕方が無理のなさにつながる. その中では，着目する学術概念や分野も示
され，なぜその学術概念や分野に着目することが問題意識の解決につながる
のかということが重要になる. また研究課題から先行研究への展開では，先
行研究をどのような観点から記述するかが無理のなさのポイントになる. 基
本的には，研究課題に先行研究がいかに「答え」，いかに「答えていない」
かという点がスムースに理解できる記述になっていることが，質の高い論文
のポイントとなるだろう.

　その上で，実証研究の場合，選ばれる方法（調査対象を含む）とその分析方
法が適切であるのかということがわかるようになっていることが大事であ
る. 質の高い論文においては，そのデータや分析方法の選択の納得感が高
い[7]. そしてそこで得られるデータが意図を持ったわかりやすい形で分析，
提示されている. さらには，それらのデータの分析結果から示されたもの
が，無理のない解釈で結論へと結びついていることがその論文の質を左右す
る.

　ただ，最初から無理の全くない研究は存在しない. むしろ全く無理のない
論文は，つまらない論文になることさえある. なぜなら意外な論理のつなが
りが見えた時に，これまでの研究とは異なる視点が見え，それが研究として
の面白さにつながるからである. ゆえに質の高い論文は，問題意識から具体

的な研究課題への展開にせよ，研究課題と先行研究を踏まえた方法やデータの選択にせよ，意外な論理の展開にも無理がないような工夫がなされている．いずれにせよ，質の高い論文では，この→の部分において「なるほど考えたな」と思わせるものが多い．

　ただ，無駄や無理のないということを達成しようとする場合には，問いの大きさにも注意しなくてはならない．例えば『組織科学』では投稿に際して1万6000字の字数制限がある．その字数の中で無駄なく，無理のない論述をする必要がある場合には，問いが大きすぎると字数が足りなくなる．つまり，語り尽くせずに無理のある論文に終わってしまう．一方で，小さな問いを何万字もかけて語ることも冗長さを増すことにつながり，論文としては無駄が多くなる．であるから，投稿論文においてはそのボリュームにあった適切なサイズの問いを設定しなければ，どうしても無理がある論文になり，質が低下してしまうのである．ただし，それはより大きなインパクトのある問いは投稿論文のような形態には向かないと言っているわけではない．より大きな問題意識に答えることにつながる，焦点化された問いが設定され，それについて明確に答えることができれば，それは質の高い論文になる可能性を秘めている[8]．ともあれ，質の高い論文においては，たとえより大きな問題意識からスタートしたとしても，手頃な問いがきちんと設定されていると言える．この点については，「意味のある」という点にもつながることから次節にて詳しく述べたい．

「意味のある」論文

　「無駄や無理のない」という点が，論文の記述そのものに依存するのに対して，「意味のある」という点は，論文の記述だけでなく，論文の背後にある研究のありようにも依存する．この意味には，「問い」としての意味と「答え」としての意味の2つがある．

1 問いとしての意味

　まずは，「問い」としての意味から考えていくことにしよう．筆者は，この問いとしての意味が質の高い論文において最も大事な点であると考えている．この場合の問いは，研究課題としての問いであり，意味とは取り組むべき意味ということである．問いが最も大事である理由は，もちろんその問いの質が論文の質の良し悪しを決める重要な点であると同時に，質の良い問いを立てることができれば，それが手頃な問いである限り，無理のない論述や，のちに述べる答えとしての意味が付いてくることが多いからである．この問いとしての意味を決める要素には，2つあると考えている．それは重要さとわからなさである．この2つの要素は，実践的な意味と理論的な意味と言い換えることもできるかもしれない．この2つが大きい時，それは意味のある問いであると言える．

　まず「問いの重要さ」とは，その問いに答えを示すことが現実の世界で重要であるかの程度である．その重要さが大きいほど質の良い問いであり，その重要さが読者に伝わっていることが質の高い論文の要素である．社会科学，とりわけ経営学は応用分野であり，実践に近い学問である．その点で言えば，論文を読んで「この話を使ってみたい，使えそうなところがある」と思えることが重要であり，そのことが問いとして示され，理解できる論文は質の高い論文であると言える．反対に言えば，なんでこんな問いを取り上げるのだろうか，と思わせるような論文は質の悪い論文であると言える．これは研究の問いそのものに起因するものでもあるが，たとえ研究において問いが重要であったとしても，論文によってその重要さが示されなければ論文の質は良いとは言えなくなってしまう．実践的な問題意識からではなく，特定の理論や概念から研究をスタートした場合，得てして問いの重要さがわからないことがある．そのような場合こそ，その研究の問いとしての意味を論文の中で示さなくてはならないだろう．

　次に，「問いのわからなさ」とは，問いの答えが簡単に導き出せない程度

である．問いの不思議さと言っても良い．密室殺人が推理小説に取り上げられるのは，誰もその部屋から出て行くことができない状況であるにもかかわらず，被害者だけがその部屋にいて，殺人を犯したはずの犯人がその部屋にいないことにある．それゆえ，その謎を解くための探偵が登場し，推理小説として成立するわけである．もし，部屋から出て行った形跡があるのであれば，そこには謎はない．同様に，論文においてもその問いがなぜわからないのか，なぜ不思議なのか，ということが質の高い論文の要素であると考える．なぜなら，そのわからなさとはまさに既存の理論や研究の限界でもあるからである．少し考えれば答えがわかる，ある観点から考えればわかる，ということが問いの段階ですぐに明らかになってしまうようでは，意味のある問いとは言えない．質の高い論文における問いは「言われてみれば確かにそうだな，なぜだろう，どうなるだろう」と思わせる．このわからなさがあれば，その納得できる答えは，たとえそれが些細なものであっても大体面白い．

　すなわち質の高い論文には謎（puzzle）がある．そしてその謎が解かれることに多くの意味があることを理解できる．そしてこれらのことのほとんどは，論文ではタイトルからイントロダクションのパートに記述される．実践的に言えば，イントロダクションのパートの質が良くない論文が，結果的に質の高い論文であることはない[9]．通常，読者がまずタイトルに目を通し，次にイントロダクションから読むことに鑑みれば，ここで印象としての質の良さはほぼ決まってしまう．

2　答えとしての意味

　ここで言う答えとは，研究課題に対する直接の答えだけを指すわけではない．社会科学の研究は基本的には因果関係を探索するものであることから，経営組織論や組織行動論においても何らかの因果関係を明らかにするものであることがほとんどである．例えば，Hackman & Oldham（1976）では，職務拡大がなぜ成果につながるのかという問いに対して，職務の5次元が3つ

の臨界心理状態（critical psychological states）を介して成果につながるという因果関係のモデル（いわゆる職務特性理論）を提示し，そのモデルを実証することで明らかにしている．このように問いへの答えの背後には何らかの因果関係が示されていることが通常である．Hackman & Oldham（1976）による職務特性理論は，単純に職務拡大がなぜ成果につながるのかという問いに対する答えのためだけでなく，その職務特性理論をもとに職務設計を考えることができ，提示されたそれぞれの職務の次元が別の因果の理解にも応用することができる理論である．このような（問いの答えと背後にある新しい因果関係である）答えの意味がどれだけ豊かで広がりがあるのかということが論文の質に影響するのである．

　これらは，論文の中ではインプリケーションや議論という形で示される．特にインプリケーションは実践的と理論的とに分けられるように，示された答えが現実の経営組織に対して持つ意味と当該学術分野に対して持つ意味の2つに分けることができる．質の高い論文はこの2つに対して意味が大きいものを指す．研究の対象となった特定の現象や人々を説明するのにふさわしくとも，それ以外の現象や人々を説明するのに不十分であるような特定のコンテキストに依存した答えは，この2つの意味があまり大きくならないケースが多い．しかしながらより普遍的な答えの方が良いわけでもない．普遍的な答えはユニークな答えになりにくく，いわゆる当たり前の答えになっていることが少なくない．また，普遍的であるがゆえに実践的には使いづらいものが少なくない[10]．どこでも使えるというのはどこでも使えないということにつながりかねない．その意味では，答えも手頃な大きさのものが良いということになる．

4　結　び
質の高い論文の執筆に向けて

　ここまで質の高い論文について述べてきた．当たり前であるが，質の高い

論文は意味のある研究から生まれる．意味のない研究からは，どうしても質の高い論文は生まれない．しかし，その一方で質の高い研究にもかかわらず質の低い論文が生まれることもある．それは前述してきたように，「無駄や無理」が多かったり，「意味」があるにもかかわらず，それがうまく記述されていなかったりすることから起こると考えられる．

ただ，意味のある研究が質の高い論文に仕上がらない理由としては，特に「無駄や無理」が阻害していることが多いように感じる．「無駄や無理」がない論文を書くために，論文を書く段階において考えることとしては次の2点であろう．1つは，自分の研究の「売り」をきちんと理解するということ，そして売りを明確にするためにも足し算よりは引き算の思考で論文を組み立てるということである．読者のほとんどは，まずその論文が「何が言いたいのか」ということを読み取ろうとする．そしてそれを評価する．この評価をより良いものにするためには，自分の論文の「売り」をわかりやすく表現する必要がある．そしてその「売り」にはキラッと光るユニークさがあるほど良い．つまりは，読者の頭に残るようなものであるほどそれは評価につながる．そしてそれがある程度クリアになっていること，そのような「売り」を作ることが，ここで言う質の高い論文を書く最初のステップである．2つ目は，足し算だけでなく，引き算でも考えることである．論文を書くという行為は，文字を書いていくという点で基本的には足し算の行為である．特に字数の上限のない修士論文や博士論文には，あれも書こうこのアイデアも入れておこうとなることが多い．その中で，論文の「売り」の価値が下がらないギリギリの情報や概念，説明はどこかを見極める必要がある．その際には何かを足すことによって主張をクリアにするだけでなく，何かを引くことによっても主張がクリアになることも考えておくべきである．

ダイヤモンドはその原石の質の良さだけでは決まらず，カットによってその価値が大きく変動する．ここまで述べてきたことはこのカットに関わる部分である．しかし，もちろん原石の質の良さ，つまりは研究の質の良さがなければいかにカットがうまくとも，質の高い論文には仕上がらないのは既に

述べた通りである．この原石としての研究の質の良さは，研究のプロセスにおいて生まれてくる様々なオリジナルの情報や考察に関わってくる．例えば具体的には，既存研究の鋭い検討から生まれる示唆や知見，理論構築やデータの解釈などの段階でのアイデア，そしてリッチでノイズの少ないデータ，予断のない分析結果，などである．一言で言えば，聞いた時に「なるほど面白い」と思うような点である．当然ながらこれらが論文の質の大きな部分を占めることに疑いを持つ研究者はほとんどいないだろう．研究者は，ダイヤモンドで言えば，原石を掘り出すこととその原石をカットすることの2つの作業を通して，論文としての質を上げていくことになる．研究者は得てしていかにして良い原石を掘り当てるかということのみに注力しがちである．しかし，その見つけてきた原石をいかにカットしてその価値を上げるか，あるいは質の高いカットをしやすい原石を見つけるよう算段するか，質の高い論文を残すという点においては，このことに研究者はもう少し注力しても良いはずである．

［注］

1） 論文における「質の高い」という表現は捉えるのが難しい．例えば荒削りだけれども主張は面白いという研究は質が高いとは言い難い面もある．本論考では，主張が面白いという点での質だけでなく，この荒削りの部分についても質に含まれると考えている．またここでの論題は「質の高い研究『論文』とは」であり，「質の高い『研究』とは」ではないことにも注意したい．

2） あくまで筆者の考える質の高い論文であり，分野によって質の良さの評価は様々あると思われるし，筆者が質の高い論文を書けているというつもりもない．ここで書かれることは，このような論文を書きたいという筆者の思いも含んだ論考であることを理解していただきたい．

3） いわゆる労作と呼ばれるような論文は得てして情報量が多く，本論と強く関係しない情報も掲載されることがある．このような労作は質とは別の点で評価されるものであり，学術の貢献に大いに帰する論文であることは疑いがない．しかし質という点では，筆者自身は必ずしも質が高いものばかりとは言えないと考えている．

4） また無駄と無理について考えることが意味をより深く考えることに通じることもあり，無理無駄について理解した上で意味について考察したほうがわかりやすいと考えたからで

ある.

5） 定量的な実証研究が多い組織行動論の論文では，論文のフォーマットが比較的確立しているが，これはある意味，無駄や無理のない論理展開を行うためのガイドラインと考えることもできる.

6） このことはいわゆる「オッカムの剃刀」と呼ばれる．筆者の同僚である三矢裕教授は，研究のプロセスとして同様のことを「ジェンガの法則」と呼んでいる．ジェンガとは，タワー状に積み上げられた積み木を1つずつ抜いていってタワーを倒した方が負けというゲームである．このことから抜いても倒れない積み木（概念や用語や情報）は，全て抜き，それを抜いたら倒れてしまうというところまで洗練せよという意味である.

7） 例えば，論文ではないが，認知的不協和を実証的に分析しようとしたフェスティンガーたちは，その調査対象としてこの世の破滅を予告したカルト集団を調査対象に選んでいる（フェスティンガー他，1995）．まさに予言がはずれる時，その集団に帰依している人々は大きな認知的不協和に直面する．本書では，その前後の行動を丁寧に記述している.

8） この点について，加護野忠男教授は「一点突破全面展開」という言葉を用いて説明されていた.

9） 残念ながらこの反対は多くある．イントロダクションのパートは魅力を感じるのに，読み進めるうちにトーンダウンして茫洋とした結論に終わっている論文である．ただ，このような論文は手を掛け，思考を進めることで質の高い論文に仕上がる潜在性を持っていることがほとんどであり，論文にするにはまだ早かったというケースであることが多い.

10） ここで想起されるのはいわゆる「中範囲の理論」（Merton, 1949）であろう．ただ中範囲の理論の思想的なターゲットは普遍的な答えではなく，パーソンズの社会システム理論に代表されるような社会全てを説明しようとする全範囲の理論である.

［参考文献］

フェスティンガー，L.・リーケン，H. W.・シャクター，S.（著）　水野博介（訳）（1995）．『予言がはずれるとき—この世の破滅を予知した現代のある集団を解明する—』勁草書房.

Hackman, J. R., & Oldham, G. R. (1976). Motivation through the design of work: Test of a theory. *Organizational Behavior and Human Performance, 16*(2), 250-279.

Merton, R. K. (1949). *Social theory and social structure: Toward the codification of theory and research.* Free Press（森東吾・森好夫・金沢実・中島竜太郎訳『社会理論と社会構造』みすず書房，1961）.

Putnam, R. D. (2003). APSA presidential address: The public role of political science. *Perspectives on Politics, 1*(2), 249-255.

Michi Fukushima

福嶋 路
東北大学大学院 経済学研究科 教授

質の高い研究についての エッセー

1

はじめに

　質の高い研究について原稿を依頼されたとき，二つ返事で引き受けたが，よくよく考えてみて非常に後悔をした．そもそも自分自身が質の高い論文を書けていないからである．ただ，質の高い論文を書きたいとは思っており，また質の高い論文や書籍を読ませていただく機会には恵まれている．そういった意味で，私にその資格は全くない，ということもなかろうと思いなおし，「質の高い研究」を僭越ながら論じさせていただくことにした．また日頃の教育活動の中で，自分が感じていることが伝わっていないのではないかと思う場面が多々あり，それらを言語化してみたいという意図もある．

　ということで本稿は，アカデミックな内容ではない．質の高い研究を考えるにあたって，これまで読んだ優れた研究から個人的に学んだり感じたりしたことを書き連ねたものである．質の高い研究にワンベストウェイがあるというスタンスではないし，日本の経営学研究の国際競争力をいかに上げるかについての論考でもない．ましてや有名海外ジャーナルにどうやったら掲載されるかについてのノウハウも書かれていない．つまり実利的に有用なことが書かれているわけではない．それらを了解したうえで，一研究者のエッセーとしてお付き合いいただければと思う．以下，論文作成のプロセスに

沿って列挙していく.

2 問題意識

　研究には「問いとそれに対する答え」が最低限，含まれていなければならない．よって研究の良し悪しを決めるのは「問題意識」である．

　良い問題意識は，研究の大きな動機付けとなる．「知りたい」という好奇心に突き動かされるからこそ，一見無駄とも思える作業にひたすら耐えたり，恥や外聞を捨てて現場に飛び込んで行ったりすることができる．しかし往々にして問いは，最初から見えているわけではない．問いがわかれば研究の8割が終わったとよく言われるが，全て書き終えて出版してからやっと自分の問いたいことが見えてくることすらある．よって研究途中には「問題意識もどき」のようなものをいつも持ち続けることになる．最初から明確な問題意識を持てればそれは幸せなことである．

　それでは研究の問いとして，求められるものとは何か．あえて挙げるとしたら以下のとおりだ．第一にまだわからないことが残っていること．問われたとき，答えがでなかったり，答えてみても何か引っ掛かりを感じたりする場合，その問いは問う価値がある．第二に知的に面白いこと，挑戦的であること．特に直観に反するような結論を得られそうなとき，その問いに対して自信を感じることができる．第三に，その問いに答えることによって人を幸せにできるような結果が得られると見込めるもの．第四に，他の人とその面白さを共有できる問いである．研究は多かれ少なかれ自己満足だが，やはり聞いてくれたり反応してくれたりする人がいた方がやりがいを得られる．

　そして最後にあまり壮大すぎない，適度の範囲の問いであること．問いが大きすぎると，どこから手をつけて良いのかわからなくなる．そのようなときは問いをブレークダウンして，まずは小さな問いから取り組んでいけば良い．また時間的な制約がある場合，期限内に成果がでそうかどうかという点

も検討しなければならない.

　筆者は「研究者の研究には，その人が持っていないものや，求めてやまないものが反映されている」という密かな仮説を持っている．特に問題意識に，それは反映されると思う．研究者としてのキャリア初期のころは，指導教員や周囲の人々の影響や，その時の状況に流されて研究対象や問題意識が設定されることは往々にしてある．しかし研究者として独り立ちするようになると，徐々にその人の個性が研究に反映されるようになってくる．その時に，この仮説は当てはまるのではないかと思う.

　研究者にとって研究は，自分に欠けているものの追求だからこそ，飽きずに問い続けることができるのではないか．研究者の本質に根差した問題設定がなされている場合，長期にわたって取り組み続けられ，質の高い研究が行われるのであると思う．そういう意味では，論文執筆を通じて研究者は自分探しをしていると言えるのではなかろうか.

文献レビュー

　文献レビューは，自分の立ち位置を明確にするための地図の作成であり，過去からの研究の流れの中に，自分の研究を位置付けるために行うものである.

　また文献レビューは，論文が審査にたどり着くためのチケットでもある．学術雑誌や学会に投稿して査読されるとき，一定レベルの文献レビューができていないと仲間と見なしてもらえず，それだけでリジェクトされることがある．逆にきちんと書けば，その後の部分も好意的に読んでもらえる．文献レビューは論文の初めの方に来ることがほとんどなので，論文の印象を決めてしまうようである．またどの雑誌に投稿するかによって，レビューする文献をわずかにずらすような器用さも時には必要である.

　さらに文献レビューを書くことを通じて，同じような現象に興味を持った

人々が世の中にいることを知ることになる．論文を通じて，同じような関心を持つ研究者が世の中にいるのかと思うと嬉しいし，論文を介した対話の中から，自分が問うべき問題がより鮮明になる．

それでは，どのような文献をレビューすべきか．レビューする文献の方向性として，「広さ」と「深さ」があると思う．「広さ」とは，網羅する研究の幅である．例えば「合成繊維産業のイノベーション」を研究するとき，合成繊維産業に関連するこれまでの文献や，イノベーション，組織間関係，下請け，ネットワーク，成熟産業など，思いつくキーワードをもとに，テーマに関係する文献を幅広く渉猟するであろう．最初は関係ないと思っていても，後でつながってくることがあるので，最初は風呂敷を大きく広げるのが良い．

他方，「深さ」というのは，自身が拠って立つ前提，認識論，大げさにいえば哲学や思想を自覚することである．かのシュンペーターは「分析的努力をするに当然先行するものとして，その分析努力に原材料を供給する分析以前の認知活動[1]」を「ヴィジョン」とよんだがそれに近い．深さのレベルはまちまちだが，例えば人間観（「人間は合理的」と見なす立場なのか，「人間は環境に規定される存在」とみなす立場なのか）はその一例であろう．自分の見方や考え方が，誰の思想の影響を受けているのか，どのような価値観に与するのかを自覚していることを感じとれる論文には深さを感じる．

質の高い研究は，文献レビューの「広さ」は勿論のこと，「深さ」，つまり自分の認識論的な立ち位置や前提を自覚している．研究は自分が創り上げるものであるが，同時にそれをできるだけ客観視できている研究こそ，質の高い研究と言えるであろう．

仮説づくり

質の高い研究には新規性が必要である．新たな変数や概念の発見，新たな

| 図1 | 論文の貢献 |

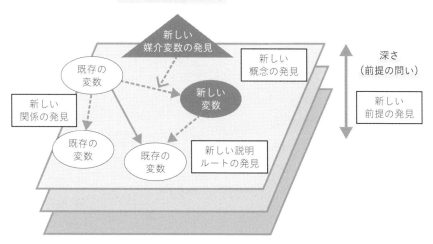

関係の発見，新たな説明ルートの発見，新たな媒介変数の発見，新しい見方
の提示などは，質の高い研究に備わる条件であろう．このような因果関係や
仮説を考えるときに留意しておきたい点はいくつかある．

1　物事の複数の側面を意識する

　実証研究を行う場合，特にベストプラクティスと見られている事例を見る
とき，事象の良い面だけしか見ないで，そこで思考停止してしまうことがあ
る．データの制約や対象者との関係などからも，意識的・無意識的にそのよ
うなことをやってしまうことがある．

　事象は多面的である．緩慢に変化をしている現象の「変化している」側面
を見るか，「変わりにくい」側面を見るか，長期に存続している企業を「維
持のプロセス」と見るか「壊れつつあるプロセス」と見るか，現象のどの側
面に光を当てるかによって，またそれをどう表現するかによって，研究に対
する印象が変わってくる．このような現象の見方の違いは，問題意識の面白

さにもつながってくる.

2 起こらなかった事象を意識する

実証研究を行うとき，特に事例研究などを行う場合，どうしても我々は起こった現象だけに目を向けがちである．成功した企業を取り上げ，その企業が実践したことだけに注目し，その中でどのような要素が成功に貢献したのかを考える．つまり「起こったこと」だけに目を向け，それを必然とし，そこから何か言おうとする.

しかし「起こらなかった」事象をも視野に入れて考えてみると，違ったロジックが生まれてくる可能性がある．起こったことが全て正しいわけではないし必然的であるわけでもない．ベストプラクティスといえども，それがどのような経緯で起こったのか，どこにその現象が起こるターニングポイントがあったのか，なぜ他の選択肢が選ばれなかったのか等を考えることによって，実際に起こった現象の意味を深く考察することができる．現実はそれほど予定調和的ではない.

3 何と比較をしているのかを意識する

「情報とは差異である」と言われるように，人間は比較をして，その意味を見出す．研究対象に対して何らかの判断を下すときには，何かと比較していることを意識することは大切である．例えば日本人は企業家精神が弱いと言われているが，何と比較するかによって評価は異なる．米国と比較すれば弱いと判断されるだろうが，ドイツと比較すればそれほどでもないであろう．自分が何と比較して対象を評価をしているのかを常に意識する必要がある.

4 時間軸を意識する

時間軸を変えることによって，考慮すべき変数の数や種類が異なり，また従属変数が変わる可能性がある．例えば災害は一時的に企業業績を下げる

が，長期的に見れば，災害が契機となって組織改革が進み，記録的な成長を見せることもある．どのようなタイムスパンで物事を見るのかという研究の時間軸を意識することは，仮説を考えるときに重要になってくる．

5 　自分の持つ前提を意識する

　人間は偏見の塊であり，いろんな前提をもって物事を解釈する．質の高い研究とは，人が無意識的に持っている「当然」や「前提」をあぶりだし，それを引きずり出して，本当にそう言っていいのか，これをもっと問わなくていいのか，と迫ってくるようなものである．

　かつて筆者はテキサス州オースティンという地域の発展について研究した．その過程で，大企業から多数のスピンオフが生み出され，スピンオフをした人々が成功し，その後ベンチャーキャピタルや起業支援者になったという事実を元に，大企業からスピンオフを作った人のキャリア循環が地域のクラスター形成に貢献したと考えた．しかしその時，「スピンオフが親企業の知識を引き継いでいることが強みになる」という前提を暗黙のうちにおいていたことに，当時は気が付かず，そこで思考が停止してしまった．

　しかしその後，大企業からのスピンオフに関する論文が増えてきており，その中には，大企業から引き継いだ知識は必ずしもプラスになるとは限らないという実証研究が出てきている．成長すれば親企業から継承した知識が新規性の追求を阻害することもあろう．それではどういう条件なら親企業から引き継いだ知識はスピンオフにとって競争優位となるのか，スピンオフはそれを意図的に区別して使い分けていたのか，もしそうなら使い分けができていたスピンオフとそうでないものとを分ける要因はなんだったのか等々，さらなる問いがどんどん広がり，それに関連する論文が発表されてきている．

　これらの論文に出会ってはじめて，自分が暗黙的に置いていた前提に気付かされた．なぜ自分はもう一歩深掘りして，自分が意図せずにおいていた前提に気付かなかったのだろうかと反省しきりである．

　自分の前提や思い込みに気付くのは難しい．また自分の見えない点に気付

くのはもっと難しい．絶えず「自分は何らかの前提にたっていること」を自覚し疑い続ける，自己批判的な態度は必要不可欠である．

リサーチデザインの面白さ

問題意識や仮説が平凡であったとしても，それを証明するリサーチデザインに工夫があるものは面白い論文だと思われる．リサーチデザインで優れていると思うものに，社会学者のスタンレー・ミルグラム（Stanley Milgram）の研究，例えばスモールワールド実験，アイヒマン実験[2]などが挙げられる．

また実験ではないけれども，ある特殊な状況を活用した研究もある．例えば災害や事故が起こったり，組織が大きく変わったりするとき，その前後の行動変化やネットワークの変化を測定したりするといった研究である．ただこれを行うためには，日頃からアンテナを張り準備をしておく必要がある．

特殊な状況を探し集めるというリサーチデザインもある．例えば Azoulay, Graff Zivin, & Wang（2010）の "Superstar Extinction" という論文では，スターサイエンティスト（生産性の高い研究者）が周囲に与えるスピルオーバー効果を測るために，突然死したスターサイエンティストを抽出し，彼・彼女らの共著者の生産性の変化を見るというユニークな手法をとっている[3]．

リサーチデザインが面白い研究は，たとえ結果が平凡であったとしても，手法だけで十分読みたくなる魅力がある．

データと解釈

たとえ問題意識や結論がそれほど洗練されたものでなくても，それを証明する実証部分が高く評価されるという論文は多数ある．ただそのような研究

は，ただ単にデータをたくさん集めているから評価されているわけではない．

データが多いからといって研究の質が高く，データが少ないからといって質が低いというわけではない．なかなか手に入らない資料や貴重なデータにアクセスできるようになる場合，量が少なくても，質でそれをカヴァーできる．あるいは1つひとつは細かい断片的なデータでも，大量に集積させれば，それなりに価値を生み出すこともある．他方で，大量データセットを統計的に器用に分析しても，雑な考察や説明しかできてないなら意味がない．

量か質かといった議論より重要なのは，データからどれだけ意味を引き出すかという点である．データはそれだけでは意味を生み出さない．データや事実をただ列挙してもそれなりに論文らしくなるが，ただそれだけである．データを集めてから，あれこれとストーリーを考える試行錯誤は不可欠であるし，ここに時間を費やすべきである．そしてデータをどう提示し，どう興味深い視点で解釈し，それをどう見せていくかで，論文の質は変わってくるであろう．

ただし絶対的なデータの量の差は，解釈だけでは補えないことがある．米国で研究した経験から言うと，日本は先進国の割には研究のためのデータ環境があまり良いと思えない．研究に使用できるデータの量は限られ，オープンさにも欠けている．近年，官公庁がデータのオープン化を進めて来てはいるが，欧米ではそれ以上に研究者にとって有用なデータが，使いやすいような形で作られ，保管・提供されていると感じる．この差は日本の社会科学研究の足枷になっていると感じている．

しつこさ

研究のプロセスは，「問い」と「暫定的な答え（仮説）」の循環である．仮説を考え，データや資料を集め，解釈してみて，つじつまが合わなければま

た考え直すということを繰り返す．そのプロセスをどれだけ繰り返したかという点は，研究の質に反映される[4]．

しかし実際には，インタビューや分析すべきデータの収集や分析だけで疲れ切ったり満足してしまったりする．そうなると既存理論やフレームワークにデータを押し込んで，上手くまとまった予定調和的な説明に丸め込んでしまう．また仮説やフレームワークを先に持っていると，それらに自身の認知がひっぱられ，それでしか物事が見えなくなり，そもそも考えるのをやめてしまう．こういったことはよく起こる．しかし，データ収集が終わって分析が終わってからも，もう少し，もう少し，と考え続ける「しつこさ」こそ，良い研究の重要な要素であろう．

昨今，研究成果を量でのみ測定しようという風潮が強くなり，このような環境の下では，ある程度，論文数を稼いで成果を出さなくてはならなくなっている．そのため「ある一定の質に達するまで論文や書籍を発表しない」ということは研究者にとって難しくなりつつある．このような状況は決して好ましいとは言えないが，そんな中にあっても研究者は，発表するものが研究途上であることを自覚しつつも，長期的にあきらめずに考え，書き続け，発表しつづけることが必要だと思われる．

8 見せ方の工夫
読ませるタイトル，読ませるロジック

自分の研究をどうすれば人に読んでもらうかを考えているか否かも，研究の質に影響を及ぼすであろう．これは自分がもっとも苦手な分野なので，自戒を込めて書きたい．特にタイトルは重要である．無論，タイトルは本文の内容を表すものでなければならないが，そのネーミングによって，読んでもらえるかどうかが決まる．

海外ジャーナルに掲載されているいくつかの論文のタイトルは魅力的である．"Creating Something from Nothing"（無から何かを作りだす），"Falling

Not Far from the Tree"（木から遠くないところに落ちる），"Home Sweet Home"（懐かしい我が家）などなど．これらの論文の内容は，最初は資源創出の手法であるブリコラージュを扱った論文，2番目は大企業からのスピンオフを扱った論文，最後は新規企業の立地を扱った論文である．このようなタイトルを見ると，ついつい読んでしまう．そしてこのような良いタイトルが，論文で扱った現象の本質を的確に表現していると納得する．

　日本の論文は相対的に真面目なタイトルが多いので，もう少しタイトルに工夫や遊びがあっても良いのではないかと思う．あまりにも奇をてらったタイトルは嫌味だが，扱った現象の本質を的確に表現しわかりやすく伝えるような，しかも少しユーモアが利いているタイトルは魅力的で読みたくなる．

　研究の中で展開されるロジックについても然りである．インタビューやデータなどから，何らかの因果関係や仮説を作った後，それらに対して説明を付与するとき，自分なりにロジックや説明を考えなければならない．その面白さは研究の質に大きな影響を与えるが，その評価基準は様々である．

　例えば都市計画論や地域政策などでよく引用される『アメリカ大都市の死と生』，『発展する地域　衰退する地域』といった書籍で有名なジェイン・ジェイコブズ（Jane Jacobs）はアカデミアではなく市井の研究者であり，彼女の研究に対する評価は分かれる．概念定義が独特で，ロジックやデータは厳密性を欠いているので「あれは単なるお話だ」と評する人もいる．しかし独自性が高く，示唆に富み，ストーリーとして読ませる内容であるため，多数の研究者に引用されている．

　研究の「厳密さ」をとるか「新規性」をとるかという議論なら，私はどちらかというと後者が好きである．研究の質の尺度として「どれだけ人に伝わるか」「どれだけ読者の知的好奇心を刺激するか」という点は重要である．確かに面白いストーリーを作るには多少の嘘や曖昧さが混じることがあるかもしれない．しかし大枠において本質をついており，そこに有益な示唆があるのであれば，その研究に意味はあると思う．

おわりに

　上記のように研究の各ステップにおいて，研究の質を高める要素がある．その全てにおいて優れていれば申し分ないが，それはなかなか難しい．せめて１つの要素にでも優れたものがあれば，その研究は価値があると思うし，優れた方向に向かうポテンシャルがあると思う．１つでも多くの基準を満たすような論文を書くには日々の精進が必要なのであろう．

　最後に，人間が研究という活動をすることの本質を考えたとき，それは現代社会に与える影響だけではなく，後世の人々への「知の継承」ではないかと思う．研究者とは太古の昔から営々と蓄積され積み上げられてきた先人の知識を継承し，その時代に生きた人間として，新たな知識を追加したり，これまでの知識を意味付けたり整理したりしていくことが仕事ではないか．そういう意味では，研究の質を論じるとき，その時代だけの評価ではなく，後世の人にどう役に立つのかという視点を持つことも忘れてはならないと思う．

[注]
1）　Schumpeter（1954）で，シュンペーターはヴィジョンの形成の過程においてイデオロギーの影響があることを指摘している．
2）　アイヒマン実験に倫理的な問題はあることはよく指摘されている．
3）　本研究については早稲田大学の牧兼充先生よりご教示いただいた．
4）　野中郁次郎先生も「俺はテニスをしているときでも，いつも研究のことを考えているんだ」とよく話されていた．

[参考文献]
Azoulay, P., Graff Zivin, J. S., & Wang, J. (2010). Superstar extinction. *The Quarterly Journal of Economics, 125*(2), 549-589.
Baker, T., & Nelson, R. E. (2005). Creating something from nothing: Resource construction through entrepreneurial bricolage. *Administrative Science Quarterly, 50*(3), 329-366.
Dahl, M. S., & Sorenson, O. (2012). Home sweet home: Entrepreneurs' location choices and

the performance of their ventures. *Management Science, 58*(6), 1059-1071.

Feldman, M. P., Ozcan, S., & Reichstein, T. (2019). Falling not far from the tree: Entrepreneurs and organizational heritage. *Organization Science, 30*(2), 337-360.

Jacobs, J. (1961). *The death and life of great American cities.* Random House（山形浩生訳『アメリカ大都市の死と生』鹿島出版会，2010）.

Jacobs, J. (1984). *Cities and the wealth of nations: Principles of economic life.* Random House（中村達也訳『発展する地域 衰退する地域―地域が自立するための経済学―』筑摩書房，2012）.

Milgram, S. (1967). The small world problem. *Psychology Today, 2*(1), 60-67.

Milgram, S, (1974). *Obedience to authority: An experimental view.* Harper & Raw Publisher（山形浩生訳『服従の心理』河出書房新社，2008）.

Schumpeter, J. (1954). *History of economic analysis.* Routledge（東畑精一・福岡正夫訳『経済分析の歴史（上）』岩波書店，2005）.

Ikuya Sato

佐藤郁哉
同志社大学 商学部 教授

誰にとっての質？
何のための卓越性^{エクセレンス}？
論文掲載をめぐるゲームとゲーミングの構造

1
はじめに
アンモナイトのぼやきとつぶやき

　本稿の作成に使用している iMac の右わきには，螺旋状の断面が美しく磨き上げられたアンモナイトの化石が置いてある．この直径10センチほどの化石は，2013年に 6 ヶ月間ほど英国オックスフォード大学での在外研究の機会を与えていただいた際に，同大学付属の自然史博物館で買い求めたものである．説明書きにはたしか「マダガスカル産・約 1 億6000年前の地層から」とあったと思う．

　このアンモナイトを目にする度に，自分自身がたどってきた研究者としてのキャリアに思いをいたさざるを得ない．というのも，私は，今回の特集で想定されているような「質の高い研究論文」，とりわけ「国際的に認められたジャーナルでの論文公表」が求められる時代にあっては，それこそ化石ないし絶滅危惧種のような存在でしかないからである．

　私自身が大学院生であった頃には，論文は（少なくとも当時専攻していた分野では），研究成果の発表媒体として相対的に従属的な位置づけとなっていた．当時でも，研究成果をまとめて論文という媒体で発表することそれ自体は重視されていた．しかし，その一方では，長年にわたる研究の成果を「本」，つまりモノグラフとしてまとめあげて発表することこそが最終的な目

標とされる場合も多かったのである．

　周知のように，その後40年あまりのあいだに状況は大きく様変わりしている．今や，論文を書くこと，そして出来うるならば，〈査読付＋外国語（＝英語）＋高インパクトファクター〉のジャーナルに掲載される論文をコンスタントかつ大量に産出していくことこそが究極の目標とされている例が少なくない．

　このような状況は，一面では研究論文の質のレベルアップに結びついていると言えるだろう．実際，『組織科学』を見ても，ひと昔前にくらべて形式の整った手堅い論文が増えているようにも思われる．しかしその半面で，次の評言と同様の印象を持ってしまうことも少なくない——「形が整っている反面，結論において『これは参った』というサプライズや，ワーオという大きな新発見はあまりなかった」（2018年度高宮賞・論文部門の審査過程に関する藤本隆宏審査委員長のコメント）（藤本，2018, p. 7）．

　これは，同誌を含む日本の学術誌に限った話ではない．実際，このような傾向が世界的に，しかも様々な学問領域において見られるという点については，半世紀近くも前から繰り返し指摘されてきた（たとえば，Davis, 1971；Armstrong, 1982；Alvesson, Gabriel, & Paulsen, 2017）．つまり，あえて辛辣な表現を使えば，国際的な一流誌も含めて「そつがないし破綻もないが，あまり面白くもない退屈な論文」（佐藤，2017a, 2017b；Cf. Alvesson & Sandberg, 2013）が目立ってきているのである．その傾向は，近年さらに加速されているように思えてならない[1]．

　本稿では，以上のような事実認識を前提にした上で，研究論文の質ないし「エクセレンス（卓越性）」という点について改めて考えてみることにしたい．特に焦点をあてて論じていくのは，そもそもどのような人々を幸せにすることを想定して論文の「質」について議論すべきか，という問題である．

　このような問題について検討していく上で示唆に富むのは，英国の研究評価制度の事例である．とりわけ，同評価制度が英国における商学・経営学の領域における研究活動に対して及ぼしてきた影響は，様々な点で日本の学術

界（特に組織研究の分野）において近い将来に起こりうることを先取りしているように思われる．また，英国の事例は，私自身を含む「化石世代」の大学人が「ジャーナル駆動型リサーチ」とも呼ぶべき風潮に対して今後どのように向き合っていくべきか，という点についても多くの示唆を与えてくれる．

英国の事例
研究評価事業と「ジャーナル駆動型リサーチ」の席捲[2)]

1　評価制度と研究業績の「論文化」

　英国では初回の1986年いらい数年おきに，全国規模で高等教育機関とその学部を基本的な単位とする研究評価がおこなわれてきた．また，その折々の評価結果は，政府から各校に対して割り当てられる研究向けのブロック・グラント（使途を細かく指定せずに支給される包括的補助金）の配分額を決定する上できわめて重要な役割を果たしてきた．

　研究評価事業に対して与えられた名称は発足当初は Research Selectivity Exercise（RSE）というものであったが，1992年の第3回目の事業からは Research Assessment Exercise（RAE）という名称が使われるようになった．RAE は，その後数年おきに計4回おこなわれ，それぞれ実施年との組み合わせで "RAE 1992" や "RAE 2008" などと表記される．そして，2014年には，幾つかの重要な変更が加えられて Research Excellence Framework（REF）と改称された評価事業（REF 2014）が実施された．

　現在までに合計で7回おこなわれてきたこの評価事業は，英国における学術研究のあり方に対して様々な面で意図せざる結果をもたらしてきたとされている．その中でも最も顕著なものの1つが「論文化」，つまり研究業績におけるジャーナル論文の増加である．実際，各大学から提出された研究業績の中で論文が占める比率は，RAE 1992の時点では5割程度に過ぎなかった．それが，評価事業が回を追う毎に拡大していき，REF 2014には8割以

| 表 1 | 英国・研究評価事業に際して提出された研究業績における論文の比率 (%) |

	RAE 1992	RAE 1996	RAE 2001	RAE 2008	REF 2014
全分野	51.0	62.0	69.8	75.3	81.1
社会科学全分野	38.2	49.0	65.0	75.5	81.5
商学・経営学	47.8	59.0	80.2	90.4	95.6

出所：Digital Science（2016）および RAE 1992, RAE 1996, RAE 2001, RAE 2008, REF 2014 の各
　　　データベースより作成

上にまでなっている．

　その論文重視の傾向は，商学・経営学の分野で突出したものとしてあらわれている．

　表1は，1992年いらい5度にわたる評価事業に際して提出された研究業績の中で論文が占める比率の推移を，全学問領域，社会科学全体，商学・経営学という3つのカテゴリーに分けて集計した結果を示したものである．

　この表に見るように，商学・経営学分野の場合，RAE 1992では5割以下に過ぎなかったジャーナル論文の比率は，その後急速なペースで拡大していき，REF 2014では96%近くを占めるに至っている．

2　商学・経営学系の学部・スクールに対する期待

　他の分野と比べて突出している商学・経営学分野における論文化の最も重要な背景の1つとしてあげられるのが，大学経営に対して商学・経営学系の学部・スクールが主に授業料収入を通して果たしてきた貢献の大きさである．

　実際，ビジネス系の学部・スクールの在籍者数は，英国の大学セクターで最大のシェアを占めている．たとえば，2014-15年には，全英の約227万人の大学在籍者のうち，ビジネス関連の学部生は約22万3000人，大学院生は約11万人であり，あらゆる専攻分野の中で最多となっている（HESA, 2017）．さらに多くの大学にとって，1年制のMSc（Master of Science）プログラム

も含めて，EU圏以外からの留学生が在籍者の過半を占めるビジネス系の大学院課程は，多額の授業料収入を稼ぎ出す「ドル箱」的存在となっている（ABS, 2016）．

　また研究評価事業においても，商学・経営学領域は，評価対象となる大学教員数および研究成果数という点で常に1番目ないし2番目の位置を占めてきた．したがって，この分野の評価結果は，大学ランキングにおける順位とそれを主な判断基準の1つにして進学先を決定する留学生から得られる授業料収入を大きく左右することになる．

　これらの点において大学当局からは，商学・経営学系の学部やスクールに対して研究評価における良好なパフォーマンスが期待されることになる（Piercy, 2000）．それは取りも直さず，個々の教員に対しては，RAEないしREFにおいて好成績をおさめる見込みがある研究成果を発表していくことが要請される，ということでもある．

　しかも，評価事業の対象となる大学教員はRAE/REFに際しては原則として1人あたり4点の研究成果を提出することになっていた．したがって，大学教員は，4〜5年のサイクルでおこなわれる評価事業の対象期間中に，最低でも4点の業績を確実に刊行しなければならない．ここで銘記すべきは，その研究成果については，数ページの論文も数百ページの書籍も同じように「1点」としてカウントされる，という点である．このような業績量産のプレッシャーは，上で述べた大学執行部からの学部に対する期待とあいまって，商学・経営学分野における急速な「論文化」を促す重要な要因になってきたと思われる．

3　研究業績の論文化と"RAE/REF-ability"

　当然ではあるが，点数の条件を満たしてさえいればどのような論文であっても構わない，というわけではない．評価事業において好成績をおさめるためには，各教員は，パネル（panel）と呼ばれる評価委員会のメンバーによって高く評価される論文をコンスタントに産出しなければならない．

　このような，評価事業に際して一定の評価を受けることができる研究業績を示す言い回しに，RAE-able および REF-able というものがある．すなわち，RAE/REF-able な業績＝質の高い研究業績，というわけである．

　一方で，RAE-able ないし REF-able は，研究者の能力や実績を示す用語として使われることもある．つまり研究者が "REF-able" であるということは，〈所定の期間内に研究評価事業で好成績をおさめる可能性のある業績を量産できるだけの能力と実績がある〉ということを意味するのである．実際，大学教員の採用や昇進等の人事に際しては，その人物が RAE/REF-able な人材であるか否かが重要な判断基準の1つとなる場合が少なくない．これを逆の面から見れば，RAE/REF-able ではない人材は，学部ないし大学の研究戦略上で「戦力外」扱いとなる．すなわち，「RAE/REF-able にあらざれば，研究従事者にあらず」というわけである．

　このように，"RAE-ability" ないし "REF-ability" が研究業績だけでなく研究者の質ないし「卓越性（エクセレンス）」を測る上での共通のモノサシになっていく中で現れてきたのが，商学・経営学領域に限らず他の研究分野でも一般的に見られてきた「論文化」の傾向であると考えられる．

　RAE/REF に関する先行研究によれば，この論文化の背景には，学問の進歩ないし研究活動における内在的な変化（「通常科学化」「パラダイム化」等）などではなく，評価事業の影響があるとされている（Bence & Oppenheim, 2004：Adams & Gurney, 2014[3]）．つまり，一流誌に掲載される論文こそが "RAE/REF-able" な業績であると見なされるようになってきたことが，論文化の主要な要因であると考えられるのである．換言すれば，「ジャーナル論文にあらざれば，RAE/REF-able な業績にあらず」ということにもなる．

4　「ジャーナル駆動型リサーチのすゝめ」？

　以上のような「論文掲載至上主義」とも呼べる状況は，研究発表媒体に対するスタンスだけでなく，研究それ自体の内容に対して大きな影響を与えてきた．つまり，より格付けの高いジャーナルに掲載される可能性が高い研究

対象やテーマを選んだ上で，ジャーナルの編集委員あるいは査読者にとって理解できそうな概念や研究技法を採用して研究を進めていくことが得策だとされるのである（Willmott, 2011；Mingers & Willmott, 2013）．

　言うまでもなく，英国の場合に限らずまた学問領域を問わず，特定ジャーナルへの論文掲載を目指して，研究テーマや方法論を戦略的に選択するという傾向はかなり以前から観察されていた．しかし，英国については，研究評価事業にともなうプレッシャーがこの傾向に拍車をかけてきたことは明らかであると思われる．

　商学・経営学分野の場合，それは，以下のようなアドバイスに端的に示されている．

①まず，どこに（どの学術誌に）投稿するか決めなさい
②その領域の合意内容［相場］について見きわめなさい
③研究をしなさい
④研究で得られた結果の中から先に選んだ学術誌における合意内容［相場観］にうまくフィットした部分を抜き出しなさい
⑤論文を書いて，その学術誌に投稿しなさい

　英国の経営学者スチュワード・マクドナルドとジャクリーヌ・キャムによれば，同国のビジネススクールでは，教員スタッフに対して上記のような指示が与えられている例が少なくないのだと言う（Macdonald & Kam, 2007, p. 648）．

　この指示に従えば，「どのようなテーマについて研究するか─③」を決める以前の段階で，まず「どの学術誌に投稿するか─①」という点について決めておかなければならない，ということになる．換言すれば，このアドバイスでは，学術的好奇心にもとづく研究（curiosity-driven research）ないし社会的意義を第一に考えておこなわれる研究（socially-driven research）とは性格の異なる研究姿勢が推奨されていると考えることができる．その種の研究

スタイルをひと言で言い表せば「ジャーナル駆動型リサーチ（journal-driven research）」（Ramasarma, 2014, p. 507）となる．つまり，発表媒体としての学術誌の特徴，特に学術誌の格付けの高さを最優先事項とするような研究姿勢である．

論文掲載ゲームの行き着く先にあるもの

1　誰にとっての，何のための「質」？

　学術界の内情に通じていない人々には奇妙なものにしか思えないであろう，このジャーナル駆動型リサーチのスタイルは，今や日本の大学関係者の多くにとっても，さほど珍しいものではなくなってきている．それどころか，これこそが日本における今後の学術研究のあるべき姿だと考える人々の方がむしろ多いのかも知れない．

　実際，2004年いらい国公私立を問わず，ほとんどあらゆる高等教育機関に対して第三者評価が義務づけられ，また，世界大学ランキングをはじめとする各種ランキングの順位が大学執行部をはじめとする大学関係者の主要な関心事項になるにつれて，大学教員に対しては，査読学術誌，特に海外の一流ジャーナルに論文が首尾よく掲載されることが強調されるようになってきた．また，それが，新規採用や昇進人事などの際に重視されるようになっている[4]．

　そのような実績主義的傾向は，一面では，組織ないし個人の研究戦略をより明確で一貫性のあるものにしていく上で効果的であるかも知れない．特に，研究実績が人事処遇と密接に関連づけられるようになった場合には，研究の質の向上という点で一定の効果もあるだろう．

　しかし，ここである意味でそれらの事柄以上に重要なものとして浮かび上がってくるのは，次のような問いである――「いったい誰のために研究（論

文）の質の向上を目指すのか？」.

　この点に関しては，人類学者のロジャー・グッドマンが英国の研究評価事業の弊害について述べた次のような指摘が示唆的である．

　　最も不条理なレベルで言えば，2冊の世界水準の学術書を出版するよりは4本の論文を査読制の学術誌に掲載する方がより合理的だということになる．これに関連してよく言われるのは，アインシュタインやヴィトゲンシュタインは，このような［研究評価］制度のもとでは彼らが発表したような偉大な業績を発表することは出来なかったであろう，というものである．優れた研究というものを規定する条件が狭い範囲に押し込められるということは，研究業績が均質化していくことでもある．つまり，研究者は評価委員となっている同じ分野の研究者に向けて書くのであり，より広い世界の人々のためには書いていないのである．

（Goodman, 2013, p. 48, 引用者訳，強調も引用者）

　この引用の最後の箇所で言及されている「評価委員」というのは，先にふれたRAEにおける評価委員会（パネル）のメンバーのことに他ならない．そして，この評価委員という言葉を「（ジャーナルの）編集委員」ないし「査読者」に置き換えてみれば，グッドマンの指摘はそっくりそのまま，英国に限らず多くの国における学術界一般に当てはまるであろう．つまり，論文掲載至上主義的な傾向は，研究論文の「質」をめぐる議論を，編集委員や査読者に対するアピールという，きわめて狭い範囲に押し込めてしまう可能性があるのだと言えるのである．

2　学術研究をめぐる3種類の聴衆と3種類の問題関心

　以上の議論から浮かび上がってくるのは，研究論文およびその元となる学術研究が狭い意味でのアカデミズムの枠を越えて持ちうる価値ないし意義（レリバンス）について検討していく作業の必要性である．それは取りも直さ

図 1	研究遂行上の問題関心の 3 分類

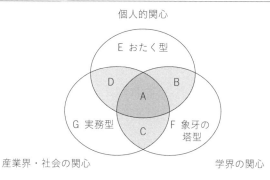

出所：田村（2006）p. 10.

ず，先の引用でグッドマンの言う「より広い世界の人々」，つまり，研究成果の享受者ないし聴衆の具体的な構成について明らかにしていくことでもある．このような検討作業をおこなっていく上で示唆に富むのは，田村（2006）による図 1 の図式である[5]．

　この図に示されているように，田村は研究課題を設定する上での問題関心を個人的関心，産業界・社会の関心，学界の関心の 3 つに大別している．

　図 1 における E, F, G はいわば純粋型（ピュアタイプ）であり，特定の問題関心が中心になっている．たとえば，E 領域として括られる「おたく型」の研究動機は，もっぱら個人的に関心のある問題に限定される．そのいわば「趣味的な研究」が扱う問題については学術界も実業界あるいは一般社会も関心を持つことがない．一方，「実務型」は，特に個人的な思い入れがあるわけではなく，学術的貢献もほとんど無いが，実務上の問題解決にとってはきわめて重要な意味を持つ問題関心である．また，「象牙の塔型」は，アカデミズム内部では新しい知の創造に結びつくものとして高く評価されるが，研究者個人としても産業界・社会においても関心が持たれない問題を扱う．

　一方でこのベン図風の図式では，問題関心が重複するケースも想定されている．つまり，E, F, G 以外の 4 領域については，複数の関心が共存する

問題設定が想定されているのである．たとえば，Bには，個人的な関心や知的好奇心から取り組んだ研究課題が同時に学術界でも重要な意味を持つものとして評価される場合が想定されている．

3　退屈な論文と手段優先主義的な刊行戦略

　この図式を適用して言えば，本稿で「退屈な論文」と評した論文の多くは，明らかに主として「象牙の塔型」に分類できる問題関心にもとづいて作成されるものである．もっとも，この種の論文は象牙の塔型の中でも，きわめて特殊な部類に属するものだと言える．というのも，論文掲載至上主義のもとで重視される「研究論文の質」は，学術研究がアカデミズムの枠を越えたより広い世界で持ちうる意義とは何ら関連が無いだけでなく，学術界それ自体の中で本来持つべき意義や価値との関係すら稀薄なものとなっている可能性が高いからである．

　そして，その種の論文はもしかしたら，図1のB領域やE領域（おたく型）との接点を一切持たない，当の執筆者自身にとってすら退屈な一種のルーチンワークであるかも知れない．というのも，その執筆者の目的は，何らかのテーマに関して強い知的関心を持ち，そのテーマに意欲的に取り組んでおこなった研究の成果を論文で公表することではないからである．彼あるいは彼女の主たる関心は，むしろ論文を刊行することそれ自体にある．そして，そのような場合，論文掲載の主たる目的は，執筆者のキャリア形成（就職や昇進）にある場合が多い．

　このように，論文掲載それ自体が自己目的化したり知的探求以外の何か他の目的にとっての手段になっていたりする場合，論文掲載至上主義は「手段優先主義」（instrumentalism）（Alvesson & Sandberg, 2013, p. 106；Alvesson et al., 2017, passim；クリメッキ，2018，pp. 331-333）の別名に他ならないということになる．そしてその場合，論文掲載を成功に導いてきたのは，研究者自身の知的関心にもとづく「研究戦略」というよりはむしろ論文の「刊行戦略」だということにもなる．その手段優先主義に根ざした刊行（中心）戦略の典型

にいわゆる「サラミ出版」があることは，ここで改めて指摘するまでもない
であろう．

4　論文掲載をめぐるゲームとゲーミング

　もっとも，手段優先主義的な刊行戦略にもとづいて進められる研究と論文
生産の作業が，さほどの知的興奮をともなわない，多分にルーチンワーク的
な性格が強いものであるとはいえ，その論文掲載までの過程の全てが当事者
自身にとって無味乾燥で退屈なものであるとは限らない．それどころか，図
1でE領域として想定されているものとは全く違った意味で，執筆者自身
にとって「おたく（ヲタク）」的な取り組みとしての意欲をかき立てられるも
のであるかも知れない．というのも，たとえ研究活動や論文執筆それ自体は
機械的な作業であったとしても，原稿作成から最終的な論文掲載にいたるま
でのプロセスには一種の「ゲーム」としての性格があり，独特の面白さやス
リルが含まれている可能性があるからである．

　たとえば，学術研究の時流を読み取り，また特定のジャーナルの編集委員
の顔ぶれや過去数年のあいだに掲載された論文のラインナップの情報を手か
がりにして「ヒット率」が高い研究テーマを探しだし，また編集委員と査読
者に「受け」そうな概念と分析技法について推測していくことには，難解な
パズルを解いていくような面白さがあるだろう．同様の点は，過去（とは
言ってもせいぜい10数年間）の研究動向に注意深く目を配って，無難な研究
テーマや分析対象ではありながらも，従来あまり手を付けられてこなかった
ようなニッチ的な問題領域を探し出していく過程についても指摘できる．そ
れは，ジグソーパズルの欠けたピースを探しあてた時の快感にも通じるとこ
ろがあるだろう[6]．

　そして，いったん書き上げた原稿を特定のジャーナルに投稿した後の一連
のプロセスにも一種のゲームとしての要素が含まれているかも知れない．た
とえば，編者や査読者から突きつけられる，時には矛盾するような要求の真
意について忖度し，また相手が「根負け」するまでの時間について推し量り

ながらリライトを進めていくプロセスには微妙な駆け引きの要素が多分に含まれており，一種のゲームとしての面白さがあることも多いだろう（Cf. Cummings & Frost eds., 1995；Abbott, 2008）.

5 国家的使命としての「ゲーム巧者」の育成？

もしかしたら，現在の日本では，以上のような特徴を持つ「論文掲載ゲーム」ないし「論文刊行ゲーム」に長けた人材の育成が，国家レベルでも，またそれぞれの大学・学部においても，喫緊の課題とされているのかも知れない．実際，日本では近年様々な学問領域における論文生産性の低さが深刻な問題として取り沙汰されるようになっている．また，いわゆる研究大学を中心として日本の大学の中には，政府や省庁から被引用度の高い「良質」の論文を量産し，それによって世界大学ランキングにおける順位をあげることを叱咤激励されているところもある．また，それらの大学の多くは「Society5.0の社会実装と破壊的イノベーションによる生産性革命」を引き起こす拠点となることを要求されている．

このような状況にあっては，論文掲載の技を熟知した「ゲーム巧者」ないし「ゲームの達人（Master of the Game）」を大量に育成し，またその活躍を保証していくことは日本の高等教育機関，とりわけ「卓越的」な研究拠点とされる大学に課せられた国家的使命なのかも知れない．

もっとも，当然のことながら，その種の論文掲載ゲームは，図1で言えばFないしBの領域という閉じた世界での出来事である場合も多い．つまり，それらの狭い世界（「村」）の外側にいる人々にとっては何の便益をももたらさない遊戯のようなものであるケースが少なくないのである（Gabriel, 2017）.

そして，その内閉的な傾向にある論文掲載ゲームへの関与は，時としてサラミ出版を典型とするあからさまなゲーミング，すなわち策略的対応を生み出すことにもつながってきた（Cf. 佐藤, 2018, pp. 270-281）．そのようなゲームとゲーミングは，より広い世界の人々の目からすれば，仲間内だけで通用

する一種の「お遊び」に過ぎず，常識的な意味での学術研究の「質」や「卓越性（エクセレンス）」とはほど遠いものであるに違いない．

4 結語
化石世代からの遺言状

　英国の代表的な高等教育研究者ロナルド・バーネットはある講演で，アイロニーをこめて次のような趣旨の指摘をしたとされている──「研究室で本を読んでいるところを同僚に見つけられたら恥ずかしい思いをするに違いない．実際，我々は本を読むのでなく，論文を書くべきなのである」（Alvesson & Sandberg, 2013, pp. 99-100，引用者訳）．

　若干の誇張は含まれているのだろうが，このバーネットの指摘には，紛れもなく，際限の無い論文掲載ゲームの行き着く先が示されている．それはまた，この先，論文掲載至上主義が圧倒的な影響力を持っていくようになった場合に日本の大学セクターに生じるかも知れない事態を予見させるものでもある．

　実際，今後日本でも同じような事態が生じていく可能性は十分にあると言える．というのも，どうやら日本では官民ともに「国際ランキングマフィア」（佐藤，2017a，pp. 116-117）の術中にまんまとはまっているようであり，世界大学ランキングへの関心がますます高まっているからである．また，各種補助金の傾斜配分や何らかの優遇措置について判断する際にもジャーナル論文（特に高インパクトファクターの査読付英文ジャーナル）の多寡が「加点」の規準として重視されるようになっている．

　つまり，他の多くの国と同様に日本もまた，大学とその関係者が国家間および大学間の熾烈な「知の競争」ないし「研究の競争」（入山，2015，p. 320）という世界レベルの闘争ゲームに対して何らかの形で参戦していくことを余儀なくされているのである．このような状況にあっては，日本でもそう遠くない将来に，「エクセレントな研究業績」と「ジャーナル論文」とがほとん

ど同義のものとなっていき，一方で，学術研究の発表媒体としての書籍は前世紀の遺物のようなものになっていくのかも知れない．つまり，同僚や指導教員あるいは共同研究者から「まだ本なんか読んで（書いて）いるの？」と揶揄されるような時代が来るのかも知れないのである（その場合，様々な学会における著書部門賞は廃止されてしまうのかも知れない）．

　当然のことながら，そのような一般的な動向とは一線を画して，一方では「ガラパゴス化」してしまうことを注意深く避けながらも，日本独自の学術コミュニケーションの体制の構築を目指していくことも有力な選択肢としてはありうるだろう．その場合には，ジャーナル論文以外にも，書籍や書籍の章，あるいはプロシーディング掲載論文などを含む広い範囲の媒体に公表された研究成果がエクセレントなものとして認知されていくこともあるだろう．それはまた，すぐれた学術研究の成果をより広い世界の人々へと伝えていく上で一定の効果を持つに違いない．そしてそれは取りも直さず「質（quality）」や「卓越性（excellence）」をただ１つのモノサシではなく複数のモノサシで測ること，つまり qualities および excellences としてとらえていくことに他ならない（Readings, 1996, pp. 21-43；McNay, 2003, p. 53）．

　もっとも，もしかしたらそれは，幸運にも査読プロセスを経ずして刊行された書籍（時には，ハウツー本ないし自己啓発書的なビジネス書ですら）が，まだ一定の価値のある研究業績として認められていた時代にキャリア形成をおこなうことが出来た「化石世代」に属する者の夢想に過ぎないのかも知れない．言うまでもなく，今後学術界を第一線のプレイヤーとして担っていくべきなのは若手や中堅と呼ばれる人々である．また，その人々こそが，国際的な潮流を是とした上でもっぱら論文による研究業績の公表を重視していくか，それともまた他の研究発表媒体についても相応の評価をしていくか，という点について自ら決めていくべきであろう．また，それをどのように研究職の人事処遇の際に考慮するかという点も，それらの人々自身が判断を下していくべき事柄であることは論を俟たない．

　しかしこの場を借りて，「（まだ）生きている化石」のような位置づけにあ

る者の1人として述べておきたいことが1つだけある．それは，日本の学術界について今後どのような制度設計をおこなう場合にせよ，決してそれを「お上」任せにしてはならない，ということである．その点については，政府や省庁がトップダウンで立案し実施してきた，「選択と集中」の発想にもとづく文教政策の惨憺たる失敗からも明らかであろう[7]．

このような状況下にあって，単に政府や府省の指示に唯々諾々と従って大学と大学関係者が補助金獲得競争に明け暮れ，また「補助金を使う」のではなくむしろ「補助金に使われる」ような状態に甘んじていることは決して得策とは言えない．

言うまでもなく，危機的な事態を招いた責任の一端は，私自身を含む一定以上の年齢の大学人にある．であるからこそ，「化石世代」の大学人たちは，自分たち自身の教育と研究，そしてまた大学行政における経験について厳しい自己検証を重ねた上で，その検証の結果を次代の人々に対して伝えていく責務を負っていると言える．実際，今ほど，学術研究がアカデミズムの世界だけでなく，より広い範囲の人々にとって持つ意味と価値はどのようなものであるべきか，という点に関して真の意味での「エビデンス」に基づく議論——すなわち PBEM（Policy-based Evidence Making）ではなく EBPM（Evidence-based Policy Making）を前提とする議論（佐藤，2018，pp. 368-384；佐藤，2019）——を徹底的におこなっていくことが必要とされている時代はないのである．

　　今日では，大学のすべての部局に対して，エクセレンスを追い求めるよう促すことが可能になっている。というのも，エクセレンスという概念は意味的に無内容であり，したがって何にでも適用できるからである。

　　　　　　　　　——Bill Readings（1996）*The University in Ruins*, p. 23.

[注]

1) ヘンリー・ミンツバーグの快著 *Managers not MBAs* の訳書には，次のようなきわめて
示唆に富む一節がある——「確かに仮説は検証しなくてはならない．しかし，退屈な仮説
は検証するに値しない」（ミンツバーグ，2006, p. 505）．

2) 本節は，主として佐藤（2018）における解説を下敷きにしている．

3) 本稿と対照的な解釈の可能性については，たとえば入山（2012, p. 16；2015, p. 17）参
照．また，佐藤（2017a, pp. 88-89）も参照．

4) 本文で先にあげた藤本審査委員長のコメントの最後の部分には，次のようなくだりがあ
る——「無論若手は『組織科学』にアクセプトされることが第一目標だから，あまりやん
ちゃなことはできない」（藤本，2018, p. 7）．

5) 田村が上記の図を提案したのは，2006年のことである．その後10年あまりを経た2017年
にはスウェーデンの経営学者マッツ・アルベッソンらが『意味への回帰（*Return to Meaning*）』でほぼ同様の趣旨の図式を，学術研究の意義ないし価値について理解する上での
ヒューリスティックな枠組みとして提示している（Alvesson et al., 2017, p. 19）．

6) もっとも，そのような隙間探し（gap-spotting）および穴埋め（gap-filling）式の研究
戦略は，パズル自体の構成を変えていくことにはつながらない．したがって，研究者はあ
くまでもゲームの駒（pawn）としての位置に留まることになる．これについては，Alvesson & Sandberg（2013）および Alvesson et al.（2017）参照．

7) この点については，尾池（2013），佐藤（2018, 2019），豊田（2019），国立研究開発法
人科学技術振興機構（2016）等を参照．

[引用文献]

Abbott, A. (2008). *Publication and the future of knowledge*. Paper presented at the Association of American University Press. June 27, Montreal, Canada (http://home.uchicago.edu/~aabbot/Papers/aaup.pdf.).

ABS (Association of Business Schools) (2016). *UK business schools and international student recruitment: Trends, challenges and the case for change*. Association of Business Schools (https://charteredabs.org/wp-content/uploads/2016/03/Chartered-ABS-International-Student-Recruitment-2016.pdf.).

Adams, J., & Gurney, K. (2014). Evidence for excellence: Has the signal overtaken the substance? *Digital Science* (http://www.digital-science.com/wp-content/uploads/ 2014/09/Digital-Research-Report-Evidence-for-Excellence.pdf.).

Alvesson, M., Gabriel, Y., & Paulsen, R. (2017). *Return to meaning*. Oxford University Press.

Alvesson, M., & Sandberg, J. (2013). *Constructing research questions*. SAGE.

Armstrong, J. (1982). Research on scientific journals. *Journal of Forecasting, 1*, 83-104.

Bence, V., & Oppenheim, C. (2004). A comparison of journal submissions to the UK's Research Assessment Exercises 1996 and 2001 for UoA 43 (Business and Management Studies). *European Management Journal, 22*(4), 402-417.

Cummings, L. L., & Frost, P. J. (Eds.) (1995). *Publishing in the organizational sciences* (2nd ed.). SAGE.

Davis, M. (1971). That's interesting!: Toward a phenomenology of sociology and a sociology of phenomenology. *Philosophy of Social Sciences, 1*, 309-344.

Digital Science (2016). *Publication patterns in research underpinning impact in REF 2014* (http://www.hefce.ac.uk/media/HEFCE,2014/Content/Pubs/Independentresearch/2016/Publication,patterns,in,research,underpinning,impact,in,REF2014/2016_refimpact.pdf).

藤本隆宏 (2018). 「2018年度組織学会高宮賞審査報告」『組織学会通信』*83*, 6-7.

Gabriel, Y. (2017). Social science publishing: Time to stop a meaningless and wasteful game (http://www.yiannisgabriel.com/2017/08/social-science-publishing-time-to-stop.html).

Goodman, R. (2013). Changing roles of the state and the market. In R. Goodman, T. Kariya, & J. Taylor (Eds.), *Higher education and the state: Changing relationships in Europe and East Asia* (pp. 37-54). Symposium Books.

HESA (Higher Education Statistical Agency) (2017). *HESA Statistics Finances of Higher Education Providers* 2015/16, Tables D, E, G. HESA.

入山章栄 (2012). 『世界の経営学者はいま何を考えているのか―知られざるビジネスの知のフロンティア―』英治出版.

入山章栄 (2015). 『ビジネススクールでは学べない世界最先端の経営学』日経 BP 社.

クリメッキ, R. (2018). 「個人的体験としての REF」佐藤郁哉 (編著) 『50年目の「大学解体」20年後の大学再生―高等教育をめぐる知の貧困を越えて―』京都大学学術出版会.

国立研究開発法人科学技術振興機構 研究開発戦略センター (2016). 「我が国における拠点形成事業の最適展開に向けて―組織の持続的な強みの形成とイノベーションの実現のために―」(https://www.jst.go.jp/crds/pdf/2016/SP/CRDS-FY2016-SP-03.pdf).

Macdonald, S., & Kam, J. (2007). Ring a ring o'roses: Quality journals and gamesmanship in management studies. *Journal of Management Studies, 44*(4), 640-655.

McNay, I. (2003). Assessing the assessment: An analysis of the UK research assessment exercise, 2001, and its outcomes, with special reference to research in education. *Science and Public Policy, 30*(1), 47-54.

Mingers, J., & Willmott, H. (2013). Taylorizing business school research: On the 'one best way' performative effects of journal ranking lists. *Human Relations, 66*(8), 1051-1073.

ミンツバーグ, H. (著), 池村千秋 (訳) (2006). 『MBA が会社を滅ぼす―マネジャーの正しい育て方―』日経 BP 社.

尾池和夫 (2013). 「『選択と集中』の弊害」『日本経済新聞』2013年6月13日付.

Piercy, N. (2000). Why it is fundamentally stupid for a business school to try to improve its Research Assessment Exercise score. *European Journal of Marketing, 34*(1/2), 27-35.

Ramasarma, T. (2014). Trendy science research communications. *Current Science, 106*(4), 506-508.

Readings, B. (1996). *The university in ruins*. Harvard University Press.

佐藤郁哉（2017a）.「『選択と集中』―選択的資源配分を前提とする研究評価事業がもたらす意図せざる結果に関する組織論的研究―」『同志社商学』*68*(4)，51-127.

佐藤郁哉（2017b）.「英国における研究評価事業―制御不能の怪物（モンスター）か苦い良薬か?―」『情報の科学と技術』*67*(4)，164-170.

佐藤郁哉（2018）.「英国の研究評価事業―口に苦い良薬かフランケンシュタイン的怪物か」佐藤郁哉（編著）『50年目の「大学解体」20年後の大学再生―高等教育をめぐる知の貧困を越えて―』(pp. 223-306)，京都大学学術出版会.

佐藤郁哉（2019）.『大学改革の迷走』筑摩書房.

田村正紀（2006）.『リサーチ・デザイン―経営知識創造の基本技術―』白桃書房.

豊田長康（2019）.『科学立国の危機―失速する日本の研究力―』東洋経済新報社.

Willmott, H. (2011). Journal list fetishism and the perversion of scholarship: Reactivity and the ABS List. *Organization, 18*(4), 429-442.

Toshihiko Kato

加藤俊彦
一橋大学大学院 経営管理研究科 教授

研究活動の社会性と研究成果の評価基準

1

はじめに

　「質」の高い研究論文とは，どのようなものなのか．このような問いが提起される理由は，研究の良し悪しに関する統一的な見解が存在しないだけではなく，どのような研究が望ましいと思われるかによって，研究者自身の立場が影響を受けることにもあるだろう．自らの研究やその方法が否定的に捉えられることは，研究者個人の心理的な問題のみならず，広義の資源獲得プロセスにも影響を及ぼし，研究者としての存立基盤を脅かすことにつながる．とりわけ社会科学の諸領域では，一部を除いて統一的な研究方法論が確立していないこともあり，激しい論争が時折巻き起こる．例えば，政治学の領域では，仮説検証型研究の優位性を説いた書籍を端緒として，1990年代から方法論をめぐる論争が繰り広げられてきたとされる（久米, 2013）．

　本稿では，万人が納得するような結論に至ることがない，特定の研究方法の優位性や意義を主張するのではなく，研究の良し悪しを規定する評価基準がどのようなもので，いかなる影響を研究活動に与えるのかという点を中心に考えていきたい．

　ここでの議論で中軸となるのが，研究活動の社会性である．研究活動は他の研究者や読者といった他者との関わりで成立するのであり，研究の良し悪

しは，不変の絶対的な基準ではなく，人々の間でのコンセンサスという社会的な基準に依拠しているに過ぎない．したがって，参照する集団や基準が異なれば，研究の良し悪しの判断も異なり，時代の変遷とともに，多数派が望ましいと考える研究も，移り変わる．ただし，研究の評価基準は，いったん社会的制度として確立されると，研究者個人の志向性に拘わらず，その時点での研究のあり方に影響を及ぼす．

　以下では，まず優れた研究の一般的な条件を示し，その背後にある研究活動の社会性について検討する．その上で，社会的制度としての評価基準が研究活動にもたらす影響と，その影響を前提とした個々の研究者の対応について，議論していく．

　なお，本稿では，狭義の研究論文だけではなく，書籍を含めた研究成果を対象として議論を進める．少なくともこれまでの経営学においては，狭義の研究論文のみならず，書籍が重要な研究成果の発表の場であったからである．

優れた研究の一般的な条件

　研究方法に対する意見が異なっていても，優れた研究が有する一般的な条件については，ある程度は合意が得られるように思われる．結果として優れた研究だと考えられるのは，多くの人々にインパクトを与えて，大きな影響を及ぼすものである．定量的な尺度として被引用件数やそれと関わるインパクト・ファクターなどがしばしば参照されることからも，少なくとも結果から見れば，このように考えることは妥当であろう．

　それでは，インパクトを与える研究とは，どのような内容を持つものなのだろうか．この点については，見方が分かれるのかもしれないが，次のような一般的な条件としてまとめられると，筆者は考えている．具体的には，(1a) 受け手である研究者や読者が関心を持つ問題に関して，従来とは異な

る新たな見方を提示するか，もしくは（1b）受け手が関心を持っているもの，答えが出ていない問題に明確な解答を示すとともに，（2）対象とする受け手に，その答えが説得的な論拠を持って説明されている，という2つの条件を備えている研究である．

　平たく言えば，新規性を伴う「驚き」を提供するとともに，それが「納得」できる形で説明されているのが，優れた研究だということである．驚きだけで納得されなければ「話は面白そうだけど，本当かどうかわからない」と受け取られ，逆に納得できてもいささかの驚きもなければ「わかるけれども，新しさがない，つまらない研究」ということになる．

　実際に，インパクトがあった過去の研究では，これらの条件が当てはまるように思われる．そこで以下では，まず米国での過去の経営学研究を3つ取り上げて，この点を簡単に確認したい．

　ちなみに，以下で取り上げる3つの研究は，いずれも博士論文での研究成果である．今や経営学研究者であれば誰でも名前を知っているような人たちではあるが，公刊された当時は大御所の研究成果として注目された訳ではなかったのである．

1　ミンツバーグの「マネジャーの仕事」

　ヘンリー・ミンツバーグは，『マネジャーの仕事（*The Nature of Managerial Work*）』（Mintzberg, 1973）において，「経営者は本当のところ何をしているのか」という問題を，5人の経営者を対象として詳細に調査した．そこでわかったのは，経営者の日常は短い時間に断片化されていて，経営者は小分けにされた多様な仕事を日々こなしているという点である．

　このミンツバーグの調査結果は，従来の経営者像を打ち壊すものであった．経営者は，経営に関する重要な情報を集約して，主要な課題の解決に集中して時間を費やすような日々を過ごしている訳ではなかったのである．特に，当時は企業経営を変革する手段として，経営情報システム（MIS）が注目されており，MIS が経営者の主要な役割を代替したり，補完したりする

ことが期待されていた．ミンツバーグが在籍していた MIT のスローン・スクールは，その中心地の１つであった．そのような状況において，ミンツバーグが発見した事実は，MIS が機能するための前提自体に重大な疑問を投げかけた．

2 ルメルトの「多角化戦略と経済成果」

　ミンツバーグの研究が経営者に密着して得たデータに基づく「ゲリラ戦」のようなものだとすると，リチャード・ルメルトによる『多角化戦略と経済成果（*Strategy, Structure, and Economic Performance*）』（Rumelt, 1974）は，多角化戦略と経済的成果との関係を中心として，米国の大手企業246社について複数時点で定量的に分析した「正統派」の研究である．その点から言えば，ルメルトが取り組んだ研究は，体系的な分析に重点が置かれたものとして位置づけられよう．

　他方で，ルメルトの研究には，当時一般的であった多角化研究とは異なる要素も取り入れられていた．その中で最も重要だと思われるのは，事業間の関連性に基づいて多角化を類型化した点である．事業間の関連性は，今日の経営戦略論のテキストでは，多角化を分類する際の鍵変数として，ふつうに触れられている．しかし，その当時は，データの客観性を重視して，販売する製品数や進出した産業数という形式的な尺度が，多角化研究で一般的に用いられていた（ibid., p. 4）．それに対して，ルメルトは，ハーバード・ビジネス・スクールの先輩であるレオナルド・リグレーが博士論文で用いた，事業間の関連性という主観性を伴う尺度をあえて採用して，大きくは４つ，細かくは９つに多角化のあり方を分類した．このような事業間の関連性を中軸とする多角化の捉え方は，その後の研究の基盤となり，受け継がれていった（例えば，吉原ほか，1981; Markides, 1995）．

3 クリステンセンの「イノベーションのジレンマ」

　クレイトン・クリステンセンの『イノベーションのジレンマ（*The Innova-*

tor's Dilemma）』（Christensen, 1997）がもたらした主たるインパクトは,「技術革新が生じたときに,経営資源が豊かなはずの既存企業が,なぜ失敗することがあるのか」というイノベーション研究の本丸である問題に対して,意外とも言える新たな解答を示した点にある.

　技術革新に伴い既存企業が市場地位を落とすという現象は,古くは既存企業が市場地位に胡座をかいて,技術的な変動の機会を見落とすことから生じると考えられていた.このような「既存企業怠慢説」は,今でも一般的には根強い.その後,学術的に様々に議論されてきたのは,「技術特性説」とでも呼べる一連の見方である.この「技術特性説」では,研究によって注目する要因は異なるものの,何らかの技術革新の特性によって,既存企業の対応の成否が分かれると考える点では,共通している.

　それに対して,クリステンセンは,主としてハードディスク産業に関する詳細な事例分析を通じて,既存企業を取り巻く構造的な要因が,凋落の主たる原因だと主張した.既存企業は,豊かな経営資源を使って技術開発で先行しても,自社を取り巻く現在の状況では需要は見出せず,結果として事業化に本腰を入れることはない.この見方からすると,既存企業はサボっているから失敗するのではなく,むしろ既存顧客に対して市場調査をするなど,真面目に取り組むからこそ,見誤ることになる.また,新規技術に対する既存企業の適応の成否は,技術的な特性や難易度で先験的に決まるというよりは,現在の状況に基づいて将来への投資を判断することから生じる組織の意思決定上の問題として考えられる.このようなクリステンセンの主張は,従来の学術的な研究のみならず,現実の企業経営に対しても新たな見方を提供するものであった.

2つの条件の社会性

　前節で取り上げた3つの研究は,人によって関心の濃淡はあるかもしれな

いが，影響力を持ったことは間違いない．また，各々の研究は，タイプは異なるものの，何らかの「驚き」と「納得」を多分に含んでいた．少なくとも当該領域を代表する研究としての評判を確立する前段階では，「なるほど，そういうことだったのか」とか，「ああ，その手があったのか」というような強い示唆を伴う感想を，多くの読者にもたらしたということである．だからこそ，多くの研究者によって引用されるとともに，3名の研究者が活躍していく基盤となったと考えられる．筆者が同時代に手にしたのはクリステンセンの著作だけだが，技術革新に関する問題を当時研究していたこともあり，食い入るように読んだ記憶がある．

ただし，これらの研究が，いかなる状況であっても同様の高い評価を受けるのかというと，必ずしもそうなるとは言えないだろう．仮に内容が全く同じ研究であったとしても，そこで扱われている問題の意義や答えの導出方法の妥当性に対する評価は，時代や取り巻く状況によって変化しうる．とりわけ企業経営のような社会現象を対象とする研究は，問いの重要性や答えの出し方について，それが展開される社会的なコンテクストと切り離して評価することは困難だと言える．

1 問題の重要度に関する社会性

前述のように，優れた研究の第1の条件は，「受け手である研究者や読者が関心を持つ問題に関して，従来とは異なる新たな見方を提示するか，もしくは受け手が関心を持っているものの，答えが出ていない問題に明確な解答を示す」というものであった．この中で，受け手側での関心のあり方は，研究者を取り巻く社会的状況から大きな影響を受けると思われる．経営学の領域で，ある問題に対する関心が高まるプロセスに特に影響を与えると考えられるのは，a) 研究者コミュニティの動向と，b) 社会一般の動向，の2点である．

a) 研究者コミュニティの動向

研究で取り上げる問題の重要性は，まず研究者コミュニティで共有された

認識によって大きく左右される．多くの論文において，既存研究のレビュー
に基づいて当該論文で中心に据える問題の位置づけを示すのは，その点を端
的に表している．既存研究との間での相対的な位置づけを明確にすること
で，その研究の意義を読者にできるだけわかりやすく示そうとしていると
いうことである．例えば，先に取り上げたルメルトの研究は，ハーバード・ビ
ジネス・スクールで当時展開されていた多角化研究の一角を占めるものであ
り，指導教員であるブルース・スコットの研究や博士課程の先輩であるリグ
レーの研究との関係性などが，書籍の冒頭で明示されている．

　このように，研究者コミュニティで共有された認識に基づいて問題の重要
性が左右されるのであれば，既存研究との関係性が薄いものほど，受け入れ
られにくいことになる．とりわけ論文で中心となる問い自体が既存研究とは
異なる斬新な視点に基づいている場合には，その問いの意義から読者に説得
しなければならず，問題が生じやすい．多くの読者に受け入れられるには，
時間がかかる可能性もあり，場合によっては「この研究に何の意味があるか
わからない」といった理由で，世に出る前に拒絶される恐れもある．

　また，関心が寄せられる問題が研究者コミュニティの動向で変わることに
よって，個々の研究者の研究対象も変化する．例えば，ルメルトが取り上げ
た多角化は，今でも企業経営における重要な問題ではあるが，現在は当時ほ
ど注目を集めている訳ではない．あるいは，組織構造に関わる研究は，コン
ティンジェンシー理論が活発に展開された時代とは異なり，近年は応用的な
展開はあっても，それ自体が直接取り上げられる機会は相当限られている．
このような状況が生じた理由は，これらの問題の多くが解決済みで追加的に
研究する意義が小さくなったというよりも，他の要因で研究者コミュニティ
での関心が薄まったことにあると思われる．

　日本の経営学研究において，研究者コミュニティでの認識の変化が顕著に
表れているのは，文献研究の位置づけである．かつては文献研究が圧倒的な
主流を占めていたが，その座を退いてから長い年月が経っている．文献研究
に対する意見は人によって異なるであろうが，ここで指摘したいのは，文献

研究の是非ではなく，文献研究の位置づけの変化は，研究者コミュニティにおけるコンセンサスが大きく変わることによって，研究対象の主流が根本的に変化した典型例だということである．

b) 社会一般の動向

　社会科学における問いの重要性の評価は，研究者コミュニティだけで閉じている訳ではなく，それを取り巻く社会一般の動向ともつながっている．経営学領域に限ると，研究の問いに対する評価は，企業を中心とする行為主体が現実に直面している課題によっても左右される．先に取り上げた3つの研究の主題は，経営者を中心とする企業内部での意思決定，多角化，技術革新による市場地位の変動という，少なくともその時点において，米国の企業社会で関心を集めていた問題とそれぞれ関わっている．

　社会的な関心とのつながりという点で，われわれにとってより身近に感じられるのは，日本企業の競争地位の変化がもたらした影響である．80年代から90年代中頃までの米国では，米国企業が直面する競争力の喪失と対比する形で，日本企業の動向に注目が集まっていた（例えば，Hayes & Wheelwright, 1984; Hamel & Prahalad, 1994）．当時の記述からは，今から見ると面映ゆいばかりの日本企業への賞賛と関心の強さが窺える．

　80年代から90年代にかけて，日本企業を対象とした研究が海外において脚光を浴びたのは，このような流れと強く結びついている．その1つが，藤本隆宏をはじめとする日本人研究者による，自動車産業を対象とする一連の研究である（例えば，Clark & Fujimoto, 1991; Nishiguchi, 1994; Dyer & Nobeoka, 2000）．もちろんそれらの研究は，現在から見ても興味深い論点をそれぞれ提供しており，単にブームに乗ったから評価されたのではない．それらの研究が，容易には実現できない深い調査と考察に基づいていることも，われわれは知っている．他方で，その研究内容に対する海外での関心は，トヨタ自動車を筆頭とする日本の自動車メーカーが高い国際競争力を有してきたことを背景としてきたとも言える．

2 説明方法の妥当性に関する社会性

前述の優れた研究の第2の一般的条件である「対象とする受け手に，研究での問いに対する答えが説得的な論拠を持って説明されている」という点については，まず説明の基本的な論理が破綻していないという点をクリアする必要がある．しかし，言うまでもなく，それは最低限満たすべき条件に過ぎず，一定の水準以上の学術研究として認められるには，妥当だとされる研究手法に基づいて議論を進める必要がある．

この研究手法の妥当性も，研究で扱う問題の重要性と同様に，社会的な性質を有している．研究で採られる方法が妥当かどうかは，研究者間のコンセンサスに基づいており，そのために時代とともに移り変わるということである．

現時点での調査方法論に関する一般的なテキストでは，検証可能な仮説を設定して，因果関係を特定できる研究手法が，経験的研究では標準的だとされる．そこでは，仮説を導出する「前段階」においては，仮説探索を主目的とする定性的な調査は許容されるものの，最終的には十分な大きさのサンプルを対象として，適切な統計分析を行った定量的調査が理想的であり，可能な限り実行されるべきだと考えられている．

このような認識は，前述の『マネジャーの仕事』で採用された研究手法について，現在の視点から評価した次の記述に，端的に表れている．「ミンツバーグが調べた5人では，科学的サンプルとしては不十分で，集めたエピソードは今日の学術界ではまともなデータ分析とはおよそ認められない」（Fisman & Sullivan, 2013, 邦訳，p. 190）．要するに，ミンツバーグの研究は昔だから有力大学の博士論文として許されたけれども，現在の基準では学術研究とは言えないということである．実際に，ミンツバーグの研究を参照しつつ，1000人を超えるCEOを対象とした大規模な調査に基づく実証分析が近年展開されている（Bandiera et al., 2020）．

分析手法の妥当性についても，時間とともに変貌を遂げている．特に顕著

なのが，定量データの分析手法である．その一例として，かつて活発に展開された組織構造に関する研究を見ておきたい．その代表であるアストン研究では，相関係数が主要な分析結果として示されていた（例えば Pugh et al., 1969）．それに対して，今日の主要な学術誌に掲載される実証論文において，相関分析はデータの概要を示すものではあっても，主要な分析結果として扱われることは，まずない．

　一般に求められる分析手法の変化は，情報技術などの進歩の結果として生じている側面もある．かつては基本的な統計分析でも，簡単にはできなかった．筆者が学部生時代に指導教員の手伝いをしたときには，平均値の差の検定ですら，大学の情報処理センターの大型コンピュータを使って出力していた．それに対して，現在では，ふつうのパソコンでも，適切な統計ソフトウェアがあれば，かなりの水準まで対応できる．この点からは，より高度な統計処理が要求されるようになったのは，コンピュータの性能が劇的に向上した結果とも言える．

　しかしながら，経験的研究において，特定の因果関係を想定した仮説を演繹的に設定して，大規模サンプルに基づく定量的なデータを対象として，高度な統計処理を通じて検証するという研究スタイルを（少なくとも形式的にでも）とることに，社会的な要求以外の何らかの必然性がある訳ではない．そもそも実証主義的な方法論自体が，批判的な立場からは，せいぜい１つの考え方としてしか見なされていない（例えば Smith, 1998）．研究手法の優劣や妥当性に関する一般的な見解は，人為的に定められたルールにすぎず，当事者がどのように考えようとも，不変の絶対的な論拠は存在しないのである．

　したがって，ある種の研究手法が一般に求められるのは，研究者間のコンセンサスに基づいて，そのルールが社会的な制度として確立しているに過ぎない．個々の研究者は，単に自ら立てた問題の解明に向けた活動を行っているだけではなく，社会的に定められたルールに基づいて研究成果を発表することで，そこでの評価を獲得しているのである．ただし，時間が経てば，そのコンセンサスも，コンセンサスに基づくルールも，原理的には変化しうる．

社会制度としての評価基準

　以上の議論に基づけば，個々の研究に対する評価は，絶対的な基準に立脚しているのではなく，ある種の規範として社会的に制度化され，人々の間で共有された基準によって左右されることになる．学術研究として求められる評価の基準は，テキストなどを通じて標準化され，学会や大学院の講義などを通じて共有された社会的制度として機能しているということである．

　さらに，評価基準の制度化による影響は徐々に強まっており，そのような状況に対して批判的な見解も提起されてきた．例えば，社会学者のジョージ・リッツアは，学術誌の格付けや「格が高い」学術誌に掲載された論文数といった定量的な評価基準が社会的に重視される傾向を，「社会のマクドナルド化（McDonalization of Society）」の典型例として，厳しく批判している（Ritzer, 1996）．そこでは，ファスト・フード・チェーンのような合理化を追求して単純化したシステムは，原理的に非合理的な側面を内包しているにも拘わらず，社会に蔓延しており，本来は適合しないはずの大学やそこでの研究活動も，その影響を大きく受けているとされる．

　リッツアのような批判的な見方は，社会現象の背景を明らかにしようとする点では理解できる．「社会のマクドナルド化」のような現象は，それを否定的に捉えるか否かは別にして，事実なのであろう．

　他方で，社会的制度のあり方は，その背景を解明して白日の下に晒したとしても，容易に変わるものではない．このような見方は，制度理論（institutional theory）の系譜に属する一連の研究で議論されてきた見解と符合する（例えば DiMaggio & Powell, 1983）．時代とともに変化するものではあっても，少なくとも短期的には容易に変わらない基盤を有するからこそ，社会的制度なのであり，その社会的制度に適応する（あるいは，適応する素振りを見せる）ことによって，個々の行為主体は必要な資源を獲得し，その社会において生

存を許されるのである.

　社会科学領域の研究者についても，研究者間で共有された評価基準のような社会的制度を研究対象にしたからといって，自らを取り巻く制度的な環境から制約を受けることには変わりはない．とりわけ近年は，どの学術誌に何本採択されたのかが研究者の評価基準となり，その基準で評価が高い研究者をどれだけ抱えているのかが研究機関としての大学の評価につながる傾向にある．この米国で広く用いられてきた評価基準は，前述のリッツアの議論などでまさに批判の対象とされてきたものではあるが，弱まるどころか，日本を含む諸外国にも広がりを見せており，むしろ勢いを増している．

5 社会制度の下での研究者の対応

　このように研究活動の評価基準に関する制度化が強まる状況において，個々の研究者は，どのように対応すればよいのだろうか．ここでは，この問題について，研究活動の発信者と研究者コミュニティの一員という研究者の2つの役割を分けて，検討したい．

　研究活動の発信者としての研究者として考えた場合に，世の中の動きとは独立して，自分の信じる道を突き進むという，ある種超然とした対応も考えられるのかもしれない．それで問題がないと思うのであれば，そのような道をとってもよいのだろう．しかし，多くの研究者にとっては，制度的な環境からの要求に完全に抗う「戦略」は，必ずしも有効ではない．社会的制度からの要求に背を向けることで，必要な資源が獲得できなければ，主観的に優れた研究をしていたとしても，その成果が日の目を見るのは難しい．

　その一方で，社会的制度からの要求に対して単に受動的に対応するだけで，優れた研究につながる訳でもないだろう．前述のように，優れた研究は「驚き」と「納得」の2つの条件を満たしていると，筆者は考えている．そのうち「驚き」に関わる要素は，何らかの新規性を含んでおり，既存の考え

方との乖離が大きいほど，「驚き」は大きくなる．つまり，研究手法のような「納得」に関わる要素は受動的な適応でも対応できるかもしれないが，「驚き」に関する要素は，既存の制度に順応するほど，失われていくと考えられる．したがって，社会的制度を含む既存の状況や見方に対して懐疑的な視線を向けつつ問いを立てて考察を進める一方で，他の研究者ができるだけ受け入れられる形で研究成果を発信することが，一般的には望ましい対応であるように思われる．

　個々の研究者は，自らの研究活動を遂行するだけではなく，研究者コミュニティの一員として，そこでの社会的制度の再生産プロセスにも関わっている．あるスタイルの研究活動を行い，さらに査読者やコメンテーターとして他者の研究を評価したり，後進を教育したりすることなどを通じて，当人が意識するか否かに拘わらず，研究者は社会的制度の評価基準の維持や変容に対して部分的にでも関与しているのである．

　このような研究者コミュニティの一員としての役割を考えた場合，他者の研究を評価する際には，①方法論の問題を過度に問題視しないようにする一方で，②問いや答えの新規性を，より広い視点からできるだけ汲み取ろうとすることが，社会的制度の健全性を維持していく上で意味があると思われる．要するに，「納得」に関わる形式的な基準に拘泥することなく，「驚き」の側面について，評価者自身の視点を広げて評価した方が望ましいのではないか，ということである．そうしないと，比較的簡単に指摘できる研究手法上の不備ばかりが重視され，将来の展開が期待できるかもしれない粗削りの研究が，その前段階で淘汰されてしまう恐れがある．逆に，新規性が乏しく，本当はつまらないはずの研究が，審査プロセスをくぐり抜けて査読誌に掲載されるといった制度的な要因によって，社会的に「優れた」研究としての形式要件を得る可能性もある．

　研究を評価する際にその新規性を重視することは，単にその研究者個人を「救済」するだけではなく，研究者コミュニティの将来にもつながる．この点については，先に取り上げたクリステンセンの議論から示唆が得られるよ

うに思われる．クリステンセンによれば，破壊的技術（disruptive technology）の初期段階では，既存の基準に基づいて評価することで，その将来的な可能性を見誤ってしまい，既存企業は事業化を断念する．しかし，破壊的技術が改良されていくと，在来技術に固執した既存企業は最終的に周辺領域に追いやられてしまう．

社会的制度に基づく研究の評価にも，製品の技術革新に類似した構図を想定できる．新規性が高い研究は，特に研究手法や分析手法の面で，現在の評価基準に対する適合性は低いかもしれない．しかし，ロナルド・コースが1930年代に取引費用について論じたように，そこで取り上げた問題に本質的な要素が含まれているのであれば，後になって重要な研究として再評価される可能性がある．また，社会的制度は絶対的な基盤を持たず，時間とともに変化するものであるために，現時点で支配的な評価基準は大きく変貌する可能性もある．

そのような変化の可能性を念頭に置けば，現在の制度化された評価基準を厳しく適用し，既存の問題や特定の研究手法に沿った研究だけを高く評価すると，その研究者コミュニティの革新は阻害され，ひいては研究者コミュニティ全体が社会の外縁部に押しやられるかもしれない．特定領域の研究者コミュニティは，より大きな社会の下位システムを構成するに過ぎない．そのために，変動する社会全体の評価基準に合わなければ，いくら自分たちの基準で「優れた」研究をして社会に貢献していると主張しても，聞き入れられずに，その研究者コミュニティ自体が社会的な淘汰の対象になりうる．このような動きは，わが国における人文・社会科学系大学の研究・教育活動に向けられる厳しい眼差しを考えると，単なる絵空事とは筆者には思えない．

研究活動の評価を規定する社会的制度は，個々の研究者が無視できるほど脆弱なものではない．しかし，その社会的制度は，絶対的な論拠に立脚している訳ではなく，時間とともに変動しうる．また，制度化された基準は，各研究者の行動によって結果的に維持されたり，変容したりするものでもある．この点で，われわれ経営学研究者は，自らが優れた研究を生み出すよう

努力するだけではなく，次世代の研究者コミュニティがより望ましい状況になるように，少しでも意識して行動していく必要があるように思われる．

[参考文献]

Bandiera, O., Prat, A., Hansen, S., & Sadun, R. (2020) CEO behavior and firm performance. *Journal of Political Economy, 128*(4), 1325-1369.

Christensen, C. M. (1997). *The innovator's dilemma: When new technologies cause great firms to fail.* Harvard Business School Press (伊豆原弓訳『イノベーションのジレンマ』翔泳社，2000).

Clark, K., & Fujimoto, T. (1991). *Product development performance.* Harvard Business School Press.

DiMaggio, P. J., & Powell, W. W. (1983). The iron cage revisited: Institutional isomorphism and collective rationality in organizational fields. *American Sociological Review, 48*(4), 147-160.

Dyer, J., & Nobeoka, K. (2000). Creating and managing a high performance knowledge sharing network: The Toyota case. *Strategic Management Journal, 21*, 345-367.

Fisman, R., & Sullivan, T. (2013). *The org: The underlying logic of the office.* Princeton University Press (土方奈美訳『意外と会社は合理的―組織にはびこる「理不尽」のメカニズム―』日本経済新聞出版社，2013).

久米郁男 (2013). 『原因を推論する―政治分析方法論のすゝめ―』有斐閣.

Hamel, G., & Prahalad, C. K. (1994). *Competing for the future.* Harvard Business School Press (一條和生訳『コア・コンピタンス経営―大競争時代を勝ち抜く戦略―』日本経済新聞社，1995).

Hayes, R. H., & Wheelwright S. C. (1984). *Restoring our competitive edge.* Wiley.

Markides, C. C. (1995). *Diversification, refocusing, and economic performance.* MIT Press.

Mintzberg, H. (1973). *The nature of managerial work.* Harper Collins (奥村哲史・須貝栄訳『マネジャーの仕事』白桃書房，1993).

Nishiguchi, T. (1994). *Strategic industrial sourcing.* Oxford University Press.

Pugh, D. S., Hickson, D. J., Hinings, G. R., & Turner, C. (1969). The context of organization structure. *Administrative Science Quarterly, 14*(1), 91-114.

Ritzer, G. (1996). *The McDonalization of society* (revised ed.). Pine Forge Press (正岡寛司訳『マクドナルド化する社会』早稲田大学出版部，1999).

Rumelt, R. P. (1974). *Strategy, structure, and economic performance.* Harvard University Press (鳥羽欽一郎訳『多角化戦略と経済成果』東洋経済新報社，1977).

Smith, M. J. (1998). *Social science in question.* Sage.

吉原英樹・佐久間昭光・伊丹敬之・加護野忠男 (1981). 『日本企業の多角化戦略―経営資源アプローチ―』日本経済新聞社.

Takahiro Fujimoto

藤本隆宏
東京大学 大学院経済学研究科 教授

良いイノベーション研究について
嚆矢的論文と中数研究

1

経営学における高質な研究成果とは何か

　質の高い良い研究論文とは何か．これは，社会科学であり実学でもある経営学にとっては厄介なテーマである．

　社会科学としての経営学は，厳密な仮説検証の手続きが必要であり，重要と思われる新仮説を科学的に厳密な方法で検証したものが，良い論文の資格を持つ．しかし一方，実学としての経営学は，企業や産業現場の実践者により良い意思決定の指針を示す知の体系であることも期待される．その論考なり概念なりが出現したことにより，日々の意思決定に悩む多くの企業人，産業人の思考，確信，行為，成果などに良い方向の変化があり，それが一時の流行を超えて長く続けば，それは実践的な意味で良い論文と言って良いだろう．

　前者を仮に「学術的（academic）に高質な研究成果」，後者を「実践的（practical）に高質な研究成果」と呼ぶなら，両者の集合は重なり合うが，完全には一致しないだろう（図1）．

　古典的な例で言えば，P. F. ドラッカーの一連の著作は，形式的に厳密な仮説検証手続きを踏んだものとは言えないが，周知のように経営学を超えて多くの人々に影響を与え続けている．A. H. マズローの欲求段階説や，F. J.

図1 **学術的に高質な研究と実践的に高質な研究**

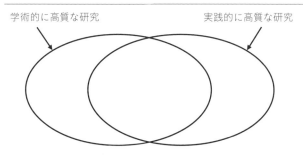

学術的に高質な研究　　　　　　　　　　　　実践的に高質な研究

レスリスバーガーらの人間関係論も，後になって実証研究としての厳密性の問題を指摘されたが，その実業界への影響力に陰りは見られない．実際，初期の米国系経営学を牽引したF. W. テイラーは生産現場の監督者で後に改善コンサルタント，C. I. バーナードも大野耐一も企業の経営幹部であった．その他，経営学の歴史において，高質な成果の著者は，学者，経営者，管理者，コンサルタント，ジャーナリスト，著述家など多様である．

　逆に，たとえば*Administrative Science Quarterly*のような厳密派の一流学術雑誌に載った論文は，当然「学術的に高質な研究成果」としてカウントされ得るが，10年後に実践的な影響力を持ち続けている論文の割合は必ずしも高くないように思われる．

　さらに，一流の学術雑誌に論文をアクセプトされることは，学者が大学のような学術研究機関で昇進する際の判断基準ともなるので，話はややこしくなる．昇進は学者の一生の大事であるから，教員として研究者を続けたい者は，当該学術雑誌が認める方法や形式で「学術的に高質な研究成果」を出し続ける必要がある．特に米国では，評価の高い学術雑誌に一定以上のペースで採択されることが一流校でのテニュア獲得や教授昇進のほぼ絶対的な要件となる．最近は，米国の超一流学術雑誌に採択されると給料が大きく上がる大学も多く，予備校的な所で傾向と対策を勉強してでも一流学術雑誌の採択を目指すPublish or Perishゲームはいよいよ盛んだ．近年は欧州，アジ

ア，そして日本でもこの傾向が強まっている．

　学術的に高質な研究の結果として抽出された概念や論理が，実務家や社会に対してもインパクトがあると判断されれば，その成果を，一般書あるいは実務家向け有力誌（例えば米国であれば専門ライターが助勢することも多い『ハーバード・ビジネス・レビュー』）で発表するなど，実践的インパクトを狙う方向に向かうことも少なくない．しかし，それらは昇進の材料としてはカウントされない．

　ちなみに，Clark & Fujimoto（1991），つまり『製品開発力』は，意識的に，アカデミックにも引用され，産業にもインパクトを与える中間地帯を狙った．結果は，やや中途半端でもあったが，微妙な隙間に立ち位置を見つけた感もある．

大数・中数・少数の研究

　さて本論考では，経営学における高質な研究を，大数研究・少数研究・中数研究という観点から整理してみようと思う．大数とは大量サンプルの統計分析，少数とは少ない数のケーススタディ，そして中数はその中間でケース分析と統計分析の統合を指すタイプとする．

　一般に，仮説構築型の探索的研究は少数のケース分析，仮説検証型の厳密な実証は大数の統計分析が中心となりやすい．「大数」の具体的な大きさは時代により変化するが，デジタル化時代の21世紀，ネットでのデータ収集やセンサーの使用で10万件を超える1次データも珍しくなくなった．

　ケース研究の代表例としては，レスリスバーガーらの炭鉱研究（Roethlisberger & Dickson, 1939），A. D. チャンドラーの事業部制組織4ケース（Chandler Jr., 1962），W. J. アバナシーの自動車産業研究（Abernathy, 1978）など多数が挙げられよう．むろん日本にも，イノベーションに関する優れたケース研究は多数存在する．

　これに加え，少数・ケース分析と大数・統計分析の中間に，ケースを集め
てそれをデータ化する方法がある．いわば「中数サンプルのケース・統計統
合分析」である．ケースは1件当たりの費用（交通費や資料整理の工数など）
がかかるので，大量のデータ収集は無理だが，統計分析には最小限30件ぐら
いのデータは欲しいので，結果として中数となりやすい．以下に示す2例
も，そうした中数のケースと言えよう．

　要するに，良い研究成果には，大数，少数，そして中数のものがありうる
というのが，本論考の1つの主張である．

3 イノベーション研究における嚆矢的論文 (I)
マイヤーズ＝マーキス報告書

　さて，良い研究成果には少なくとも学術的，実践的の2通りがあると論じ
たが，こうした基準を超越して価値がある第3の存在は，「嚆矢的（seminal）
な研究成果」である．その研究から幾筋もの爾後の研究の流れが発生し，そ
の中からまた良い研究成果が出てくるのだとすれば，源流にある嚆矢的論文
に価値がないはずはない．

　そこで，筆者が関わってきたイノベーション経営学あるいは製品開発管理
論の分野の「源流」の近くにある研究成果を2つ取り上げたい．イノベー
ション経済学では19世紀初頭のJ. A. シュンペーターが独立峰として君臨す
るが，実証研究としてのイノベーション論が確立したのは冷戦下の20世紀半
ばである．そして，その2大メッカは（ごく初期のCarter & Williams, 1957等を
別とすれば）米MITと英サセックス大学SPRU（Science Policy Research
Unit：1966年設立）であった．

　前者を代表する嚆矢的研究は，S. マイヤーズとD. G. マーキス共著の *Suc-
cessful Industrial Innovations*（Myers & Marquis, 1969）である．これは，一
流学術雑誌の論文でもベストセラー本でもなく，National Science Founda-
tion の報告書（NSF 69-17）だ．入手困難だったので，筆者はハーバード大

学のベイカー図書館で借りてコピーしたと記憶する.

マイヤーズは MIT 出身,Institute of Public Administration（行政管理研究所）の所属で,1970年代には同研究所の都市研究部長として高速鉄道の自動制御の研究をするなど,交通システムの専門家だ.一方マーキスは,1969年に MIT 教授になったばかりだったが,むしろイェール大学,ミシガン大学の心理学部教授・学部長として知られ,1948年には米国心理学会（APA）会長を務め,有力な教科書も書いた一流の心理学者である.イノベーション組織の関連では,MIT の T. アレンとの共著で R&D 組織のコミュニケーションの論文を1966年に *American Psychologist* に載せたが,Myers & Marquis（1969）の後は,この領域で決定版的な大著は残さずに1973年に急逝.したがって,イノベーション論の代表的研究成果はこの報告書である.

専門の違うマイヤーズとマーキスがどのように出会ったのか,筆者は知らないが,いずれにせよ,嚆矢的研究の場合,もともと異なる分野で活躍した研究者が大きな仕事をすることになりやすい.なにしろ,分野も未確立で,専門の学術雑誌もほとんど存在しないのである（例えば *Research Policy* はまだ無かった）.

以上を踏まえて,マイヤーズ＝マーキスの *Successful Industrial Innovations* の中身を簡単に紹介しよう（以下,敬意をもって M & M 研究と呼ぶ）.結論から言うと,数百の成功事例から,イノベーションの成功要因を抽出することを目的としたこの報告書には,その後のイノベーション研究の流れやフレームワークを方向付けるいくつもの重要な洞察が含まれており,まさに嚆矢的と言うに相応しい.

第1章はイノベーション・プロセスの定義で,その後1つの定番となった「アイデア創出」（図2では idea formulation）,「問題解決」（problem solving）,「実行・実装」（implementation）の3段階モデルが最初に示される.その後に「普及」（diffusion）が続く.原典の流れ図をそのまま再掲する（図2）.

第2章は研究方法とケース数本の例示的記述である.調査対象は5産業（鉄道,同サプライヤー,住宅サプライヤー,コンピュータ,同サプライヤー）の

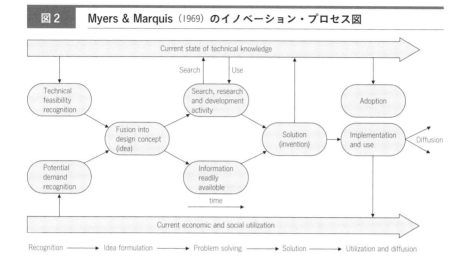

| 図2 | Myers & Marquis (1969) のイノベーション・プロセス図 |

567の成功イノベーションのケースで，当時とすれば大きなサンプルである
が，ここでは，その数のケーススタディをコーディングしてデータ分析をし
ているので，前述の「中数のケース・統計統合分析」に当たる．

　調査方法は地道で，企業に依頼状を出し，情報提供者を特定し，アポを取
り，データ分類ができる専門家がインタビューを実施してケースを作成し，
またコード票に結果を書き込んでいく．郵送と回収で済ませるアンケート調
査ではない．実際，これは567のケーススタディと言ってよい．このうち，
プリンターへの高速給紙装置，アスベスト押出成形窓枠，角形タンク搭載車
など，6つの具体的なケースが，それぞれ数百ワード程度で例示されてい
る．

　ちなみに1980年代，ハーバード大学で筆者は，キム・クラーク教授と筆者
を含め2，3人のチームで日米欧の製品開発29プロジェクトのデータを現地
に出かけて集めていた．M&M研究の数百ケースはうらやましいと思った
が，クラークが「その数のケースを書くつもりでデータを集めろ」と筆者に
言ったとき，彼の頭にもM&M研究があったのかもしれない．

第3章は，イノベーションのタイプごとの分布を示す．例えば，調査した567ケースのうち77％は社内イノベーションで，残りは他企業が開発したものを導入（adoption）したケースだった．また約3分の2は新製品で，残りは既存のものの改良．全体の58％は製品，18％は部品，25％は工程のイノベーションであった．その他，開発費や企業規模の分布も示される．

　第4章からはイノベーションの要因分析で，報告書の核心部分である．まず，567ケースのうち75％（市場要因45％，生産要因30％）は，認知されたニーズに対応した需要プル型で，技術プッシュ型は21％に留まった．プル／プッシュ分類は概念に曖昧さがあると後に批判も出るが，概して需要プル型の数が多いとの傾向はその後も確認されている．

　第5章は上流のアイデア創出（コンセプト）段階での情報投入の分析で，4分の1のケースでは情報インプットが新コンセプト創造（アイデア喚起）に貢献したが，4分の3ではコンセプトは既存で新情報は問題解決に貢献した．アイデア喚起情報は主に企業の外部から入ってきたが，問題解決の情報はむしろ当事者組織の内部から出る傾向があった．

　第6章は，その次の問題解決（エンジニアリング）段階の情報投入分析だ．問題解決に有用な情報は一般情報も特殊情報も含め様々だが，有用情報の60％は設計・性能情報で，75％は公開情報だった．また，内部チャンネル経由の情報が60％．つまり，情報源は既に社内にある一般公開情報であることが多かった．

　第7章は結論と実践的含意である．第1に，小さなインクリメンタルイノベーションの積み重ねが重要であり，シュンペーター的非連続イノベーションだけとは限らない．第2に，需要の認知（需要プル）の方が，潜在的技術の認知（技術プッシュ）よりも，数的にはイノベーションにつながりやすい．第3に，他社から導入したイノベーション（adopted innovation）は自社オリジナルイノベーションに劣らず重要だ（オープンイノベーション論の先駆）．第4に，アイデア創造のための情報は，社外とのパーソナルコンタクトが重要．第5に，問題解決のための情報は既に社内にある一般公開情報で

あることが多い．また，企業内の人脈や個人的な経験，つまり人材の能力に左右される．第6に，イノベーションは全社的な取り組みであり，R&D部門だけでは完結しない．アイデア創出，問題解決，実装，すべてがうまくいかないとイノベーションは成就しない．

　本文は全部で63ページと短いが，ここには，567ケースから抽出した，イノベーション研究の将来的なテーマが詰まっていた．需要プル対技術プッシュは，E. フォン・ヒッペルらのユーザーイノベーション論につながる（von Hippel, 2005）．他社導入型（adopted innovation）が多いとの発見は，自社オリジナルにこだわらないオープンイノベーション論の源流ともいえよう（Chesbrough, 2003）．製品開発を情報処理プロセスとする考え方も現代では一般的である（Clark & Fujimoto, 1991）．インクリメンタルイノベーションの積み重ねが大きな経済成果を生むことは，日本の現場改善論とも共鳴する．

　中数のケーススタディをコード化してケース分析を行う方法は，大量の研究工数や研究資金を使うので簡単にはできないが，研究者が因果関係に関する意味解釈をした上で統計分析を行う点が強みである．現場の現実を見ずに，10万単位のデータをネット等で収集し精緻な統計分析を行うのが昨今の米国等でのデジタル産業研究の傾向だが，こうしたケース分析と統計分析を統合した中数分析の持つ価値を忘れてはいけないと筆者は考える．

イノベーション研究における嚆矢的論文 (2)
Project SAPPHO 報告書

　次に，もう1つのイノベーション研究の発祥地，サセックス大学 SPRU で1970年代初めに行われた Project SAPPHO について簡単に述べる．これについては，第2期の研究や後年の追試的研究も含めて複数の論文が存在する中で，オリジナルの報告書としては，*Success and Failure in Industrial Innovation: Report of Project Sappho* があるが（Science Policy Research Unit, University of Sussex, 1972），M&M（1969）と同様，今は入手困難である．そ

こで，初期の SPRU のリーダーであった C. フリーマンの『産業イノベーションの経済学（*The Economics of Industrial Innovation*)』(Freeman, 1982) の第 5 章 "Success and Failure in Industrial Innovation" で簡明に説明しているので，それを参照する．

　Project SAPPHO は，1970年代に，設立間もないサセックス大学 SPRU のフリーマンや R. ロズウェルらを中心に行われた「成功するイノベーション」の研究プロジェクトだ (Rothwell et al., 1974)．その第 1 回調査では，化学工業と科学分析装置（scientific instrument）から，類似した領域の，市場での相対的な成功例と失敗例のペア，29ペア58ケースのデータを収集し，比較的簡単な統計分析によりイノベーションの成功要因を推定している．

　前述の M&M 研究は，500以上のケースをデータ化するという圧倒的な研究パワーを示したが，基本的には成功プロジェクト群の研究である．一方，Project SAPPHO はこれよりずっと少ない58ケースだが，これらが同種の製品に関する相対的成功・失敗プロジェクトの29のペアになっているところがすごい．この種の調査を実際に行ったことのある人間なら，失敗調査のデータ収集がいかに難しいか身に染みて知っている．少なくともわが国で，開発の当事者の所に行って「おたくの失敗プロジェクトのデータを下さい」と言い，追い返されずに29回も成功するには，余程の度胸，粘り，信頼関係あるいは不屈の信念が必要だ．

　後年，桑島・藤本（2001）は，㈶化学技術戦略推進機構（JCII）委嘱の実証研究の中で，成功33，失敗18，計51の化学品開発プロジェクトのデータを分析し，消費財のみならず産業財でも潜在ニーズ先取りが開発の成功に影響することなどを見出したが，Project SAPPHO のようにきれいなペアとはいかなかった．上記の29ペアは，稀にみる周到なデータ収集だとその時に改めて思った．50年前の SPRU 立ち上げ期の覇気が伝わってくる．

　さて，Project SAPPHO では，イノベーションの成功と失敗を分かつ要因の候補が数多く検討されたが，その中で，明らかに成功例と失敗例を分かつ要因として抽出されたのは，以下の 4 つのみであった．

①マーケットニーズを理解すること（特に早い段階でこれができること）.

②開発プロジェクトチームが十分に大きいこと. つまり経営資源を集中させること.

③外部の科学者集団と十分なコンタクトがあること.

④ビジネスイノベーター（開発リーダー）の地位と経験が十分にあること. 勤続年数が長く, より高い地位と権限を持っていること.

要するに, 科学技術シーズと市場ニーズを強力な組織とリーダーがカップリングすることがイノベーションにつながる. 上記の4要因はいずれもそれに関連している.

この結論は, 言われてみれば当たり前の結果にも見えるが, 統計的に見て成功／失敗と関係がないと見なされた要因候補のリストを見れば, あえて「この4つだ！」と言い切ることの意味は重いことがわかる. しかも「イノベーションは市場と技術の融合だ」との, その後の研究に大きな影響を与えた理論的構想がその背後にある. そしてこの観点は, M & M 研究とも共通する.

ちなみに「成功・失敗と関係がない」とされたもののリストを見ると, 企業の規模（ただし一定の最小規模は必要）, R&D 部門全体の大きさ, エンジニアの数, エンジニアが取締役会に入っているか, 本業に関係のある分野のイノベーションか, 企業全体の成長率, 企業の置かれた競争環境, リードタイムの短さ, 等々がある. こちらにも, いかにも関係がありそうなものが並んでいるではないか.

いずれにせよ, 「成功・失敗ペア」がそろっているおかげで, 数多の説明変数候補の中での「成功・失敗と関係ある／ない」の識別が, ごく簡単な統計分析で可能になる. 元データが本当に良ければ, ことさらに複雑な統計手法は必要ない.

フリーマンは, さらに他の研究を加え, イノベーションの本質を technical possibility と market possibility のカップリングととらえ, 以下の10の変

数を有力な説明変数として挙げた（Freeman, 1982）：①強力な社内 R&D 部門；②基礎研究の強さと外部科学者集団との連携の強さ；③特許の活用；④最小限の企業規模；⑤ライバルより短い開発リードタイム；⑥高いリスクを受け入れる企業家精神；⑦早期に潜在市場に気付く想像力；⑧潜在市場に対する周到な注意（careful attention）；⑨R & D・マーケティング・生産部門の連携調整ができるリーダーシップ（企業家精神）；⑩顧客と科学者の双方に対する良好な対外コミュニケーション．このうち①③⑧⑨⑩は Project SAPPHO 第 1 フェーズからの知見と言えよう．

　前述のように Project SAPPHO 第 1 回においては，リードタイムは成功失敗に関係しなかったが，フリーマンは，ここではそれを成功要因に含めている．ちなみにこの約20年後，クラーク＝藤本（Clark & Fujimoto, 1991）は，被説明変数を開発工数，リードタイム，総合製品品質などを連続変数化して，自動車という 1 産業を調べた．その結果は，Project SAPPHO が特定した①と④は概ね整合的で，③とも矛盾はしなかった．

3 種の変数の判別

　「成否に関係ある／関係ない」の区別については，以下の状況を考えることもできる．例えば，仮に宇宙から地球産業の生産性を調べにやってきた研究者が，ある 1 つの自動車工場を観察し，そこは生産性が高い（被説明変数）と知ったうえで，①工場の正門が西向き（生産性と関係ない），②工場に屋根がある（当たり前），③作業集団が継続改善をやっている（実は生産性と関係がある）という 3 つのデータを得たとしよう．サンプルが 1 なら，この宇宙人研究者は，それぞれの観察事実が「関係ない／当たり前／関係ある」のいずれであるかを判定することはできない．ワンケース研究の限界である．

　さて，宇宙人研究者は調査を続け，いずれも生産性の高い 5 工場を見つけ，それぞれの①正門の方角，②屋根の有無，③改善の有無を調べたとしよ

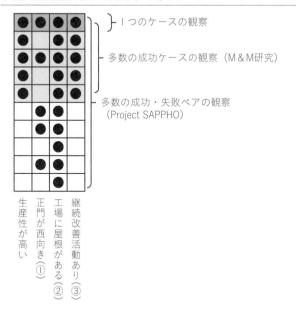

図3　宇宙人研究者が集めた自動車工場のデータ

う．今度は，①が「関係ない変数」であることが分かるが，しかし②と③の区別は依然つかない．いわば M&M 研究段階である．

　そこで，さらに探査を続け，高生産性の５工場に加え低生産性の５工場（他の条件は類似）を見つけたとしよう．彼・彼女の研究は Project SAPPHO 段階に達した．ここで初めて，宇宙人研究者は，②（当たり前）と③（関係あり）の区別がつき，継続改善が生産性と関係する，との地球の事実を知ることになる（図3）．

　半世紀前，イノベーション論の嚆矢的研究においてまず行われていたのも，こうした未知の惑星の探査に近い，地道なデータ収集であった．むろん，周到な統計分析は，学術的に高質な研究の重要な構成要素であるが，その前提として，良いデータセットの収集のための努力が必須である．そうしたデータ収集活動そのものの質は，学術雑誌の査読過程ではあまり評価されない傾向があるが，新領域を開く嚆矢的研究においては決定的に重要な要素

だと言うべきであろう.

6 イノベーション研究の現在
大数研究の全盛と中数研究の可能性

　米国のイノベーション研究は，21世紀に入るころから，デジタル化という新現象の研究に集中し，ディスラプションやプラットフォーム競争といった新たなコア概念を確立した．この領域の実証研究においては，概して，現場に行かず当事者に会わなくても，インターネット等を介して，例えば数十万単位の大量のデータを比較的短期間で収集することが可能であり，実際，そうした圧倒的規模での大数研究が全盛である．先年久しぶりにハーバード大学に滞在したが，若手は経済学系（実証産業組織論など）が多く，大量データを先端的統計手法で処理し，経済系も含め学術雑誌にどんどん書いている.

　その勢いは実際たいしたものだが，ケース・統計一体の中数研究を知る筆者は，ちょっと心配でもある．すでに重鎮であるS.トムケやG.ピサノは健在だが，「現場を見に行くイノベーション研究は俺たちの世代が最後かな」などと言っている．東海岸で製品開発論の俊英であった旧知のC. T. 教授とも会ったが「製品開発論は大量データが集まらず論文が書けないので足を洗った．今はヘルスケア研究で，看護師にIDタグを付けて大量のトリップデータを分析しているよ」と言う．彼の新領域での活躍は期待したいが，反面，手法の制約によって重要な研究領域が制約を受けるのは健全ではないな，とも思った.

　かくして，学術的研究としての物財系製品開発論には厳しい状況もあるが，他方で実践家向けの製品開発論は依然盛んで，日本の過去の優良ケースも参考にしたと言われる「デザイン思考」や，ミシガン大学のJ. K. ライカー教授らのリーン製品開発論などは人気である（Plattner, Meinel, & Leifer eds., 2011；Morgan & Liker, 2006）.

　しかし，大数と少数の狭間で，中数研究の流れも依然重要と筆者は考える．かつて30年ほど前，K. B. クラークと藤本隆宏は，M & M 研究やProject SAPPHO を先駆としつつ，約30ケースを詳細に記述してから統計分析へ向かった（Clark & Fujimoto, 1991）．近年であれば，西口敏宏教授らの温州商人のネットワーク研究もこれに当たろう（西口・辻田，2016）．こうした中数研究は本当に時間がかかり面倒だが，絶やしてはいけない方法論だと筆者は考える．

　そもそも日本には，平成のグローバル競争を生き抜いた良いフィールドが山ほどある．そこから実態調査データを収集するための「旅費の利益」はわが国在住の研究者にある．そうした良い現場を起点に，企業・産業活動のデータベース，あるいは工場見学ノートのアーカイブを全国レベルで構築しよう．そして，ケース・統計一如の中数研究の灯も絶やさずに行こうではないか．むろん就職や昇進で大変な若手研究者は，まずは行儀作法通りに厳格な研究能力を示す方向に向かうので良いが，その先において，10年後の世の中にインパクトを与える研究を世界に問わんとの覇気を持続してもらいたい．かつての M & M 研究や Project SAPPHO もそうだったはずだ．

　昇進基準と学術雑誌が互いに補完財として相乗効果を発揮すれば，学問は強固にパラダイム化し，当該学問は特定方向に先鋭化するが，同時に多様性を失う恐れがある．それはその学問の超長期の進化にとって良いことではない．主流経済学ではすでに起こっていることだが，実学でもある経営学はどうなるだろうか．

　個人的には，経営学が先鋭性と多様性を具備し，学術面・実践面の両方で良い研究が続き，圧倒的な大数データ研究や深い少数ケース研究に加えて，良い中数研究の伝統も絶やさず，日本から「私は50のケース研究から絞り出した50のデータセットを分析して新しい領域を作るぞ」と言う猛者が今後現れることを期待している．

[参考文献]

Abernathy, W. J. (1978). *The productivity dilemma.* Johns Hopkins University Press.
Carter, C. F., & Williams, B. R. (1957). *Industry and technical progress.* Oxford University

Press.

Chandler, A. D., Jr. (1962). *Strategy and structure*. The MIT Press.

Chesbrough, H. (2003). *Open innovation*. Harvard Business School Publishing.

Clark, K. B., & Fujimoto, T. (1991). *Product development performance*. Harvard Business School Press.

Freeman C. (1982). *The economics of industrial innovation* (2nd ed.). The MIT Press.

桑島健一・藤本隆宏 (2001). 「化学産業における効果的な製品開発プロセスの研究／分析枠組みと若干の実証分析」『経済学論集』*67*(1), 91-127.

Morgan J. M., & Liker, J. K. (2006). *The TOYOTA product development system: Integrating people, process and technology*. Productivity Press.

Myers, S., & Marquis, D. G. (1969). *Successful industrial innovations*. National Science Foundation. NSF 69-17.

西口敏宏・辻田素子 (2016). 『コミュニティー・キャピタル—中国・温州企業家ネットワークの繁栄と限界—』有斐閣.

Plattner, H., Meinel, C., & Leifer, L. (Eds.) (2011). *Design thinking: Understand-improve-apply* (*Understanding innovation*). Springer Verlag.

Roethlisberger, F. J., & Dickson, W. J. (1939). *Management and the worker*. Harvard University Press.

Rothwell, R., Freeman, C., Horlsey, A., Jervis, V. T. P., Robertson, A. B., & Townsend, J. (1974). SAPPHO updated-Project SAPPHO phaseII. *Research Policy, 3,* 258-291.

Science Policy Research Unit, University of Sussex (1972). *Success and failure in industrial innovation: Report on Project Sappho*. Centre for the Study of Industrial Innovation.

von Hippel, E. (2005). *Democratizing innovation*. The MIT Press.

Kozo Yamada

山田幸三
上智大学 経済学部 教授

企業家研究における
訴求力と波及効果

1

はじめに

　日本経済は，従来の成長を支えたキャッチアップ型から高度知識基盤型の経済へと変貌を遂げている．バブル経済崩壊後の低迷期を経験し，日本経済再興の方策として，先端技術産業の競争力強化が主張され，日本企業は，グローバルな経済活動による新興市場の開拓と事業範囲や生産規模の拡大を目指し，従前の経緯に囚われることなく，新しい価値の創造につながる革新的なビジネスの仕組みの導入を求められている．

　他方，日本社会は，阪神・淡路大震災や東日本大震災等の歴史的な災禍に見舞われ，経済再生や人口減少対策を通じて，被災地域は言うまでもなく，地方都市の活性化をいかに図るかが主要な課題となっている．日本には創業100年を越える長寿企業が世界的に見ても多く，地域に分散して存続しており，その主流は地場産業を構成する中小企業である．中小企業の蓄積した固有の技術や技能とその背後にある経営の精神を要として，新機軸による独自性と優位性によって課題を克服し，経済的，社会的価値を生み出すこともまた求められている．

　今後の日本社会が，グローバルな視点から判断して行動することで成果を得られる社会，社会的問題を新たな事業や産業の創造で解決する社会として

経済的に発展するには，イノベーションとその創出の駆動力となるアントレプレナーシップ（entrepreneurship）がキーワードになる．本稿では，質の高い研究論文について，経営学における企業家研究から考えてみよう．

2 企業家研究の時代性と社会性

アントレプレナー（entrepreneur）は，企業家，企業者と訳され，文字通りの意味は「間を取り持つ者（between-taker）」，または「仲介役（go-between）」であるが，時代によって様々な企業家像が描かれた[1]．Hisrich & Peters（1998, pp. 6-8）を基に簡潔に整理しよう．

中世の典型例は，大聖堂や修道院の建築作業を統括した聖職者である．企業家は，リスクを負わず，大規模な建築事業を管理する者であった．17世紀には，政府と定額の契約で商品やサービスを供給し，結果的に生じる損益のリスクを負う者を指した．18世紀には，独立生産者に近い企業家を思い描くフランスの経済学者Cantillonが，企業家と資本家の機能を峻別し，世界的規模で進行した産業化を背景に，リスクを負う資本の利用者とその提供者の区別が明確化していった[2]．

19世紀末から20世紀初頭には，予期せぬ状況の結果生じる損益を念頭に，土地，人材，材料，資本の対価を時価で支払い，独創力や発明の才で私的利益のために事業を企画立案，組織化，管理運営する企業家像が確立する．20世紀後半には，ビジョンと卓越した行動力を有し，既存の組織内で活動する社内企業家（intrapreneur）像が描かれた（Pinchot, 1985）．

多くの研究の羅針盤となるのは，Schumpeter（1926）の描いた企業家像である．企業家は，新しい生産物（財貨）の創出，新しい生産方法の導入，新しい販路の開拓，原料あるいは半製品の新しい供給源の獲得，新しい組織の実現という「新結合」によって，イノベーションを遂行する主体として描かれた．信用創造者としての銀行から事業に必要な資金を提供され，創業者

利潤を獲得できる企業家は，市場が均衡状態に向かうプロセスを超越したところに経済発展の原動力を見出し，資本主義経済の内側から経済の軌道を変更する主役として決定的な役割を果たすのである．

　しかし，Penrose（1959）が，Schumpeter の企業家像を経済全体の立場から見た革新者，自らの企業家像を必ずしも経済全体の立場からではなく会社に立脚した革新者としたように，企業家は，市場メカニズムを超越した人物ばかりではない（Penrose, 1959, 邦訳，p. 49）．Schumpeter と対照的な企業家像は，誰も気づかなかった可能性を秘めた資源や生産方法，未利用の機会を見出す能力を持つ機敏な革新者として，Kirzner（1973, 邦訳，pp. 96-98；1997, 邦訳，pp. 52-56, p. 127）が描く．Kirzner は，企業家活動の本質が，過去の意味づけや常識的な思考の枠組みに囚われない柔軟な発想と経営資源に関わる意思決定の機敏性や柔軟性にあり，企業家活動と競争をコインの両面に譬えて，日常性と決別する能力ではないとしたのである．

　その企業家の輩出においては，政策担当者や投資家による的を絞った施策や投資が求められ，企業家の類型が意味を持つ．独立志向や高い所得等様々な動機から，将来の起業に関心を持つ潜在的（nascent）企業家と，起業経験の有無による初心者型（novice）と実践経験型（habitual）の企業家が区別され，さらに，実践経験型は，連続型（serial）とポートフォリオ型（portfolio）の企業家に分けられる．企業家の類型の分布や特性，意思決定の違いを探る実証研究は世界的に行われ，様々なデータから類型別の意思決定や行動特性等が明らかにされているが，日本のデータ分析は十分とはいえない[3]．

　経営学の世界的な学会である Academy of Management には，Entrepreneurship Division が主要部門の１つとして設けられ，年次大会（Annual Meeting）では，定量的分析を中心に多様な企業家研究の成果が報告されている．近年では，環境変化に対して，企業家活動を主導する戦略的な姿勢や志向性を保持する企業が長期的に存続し，発展するという企業家的志向性（entrepreneurial orientation）の研究が注目され，研究コミュニティを形成している．

企業家的志向性は，企業を成長軌道に乗せる戦略的な機動力（strategic engine）や発想（mind-set）であり，革新性（innovativeness），能動的な行動姿勢（proactiveness），リスクテイキング（risk-taking）の3次元を中心に構成される．企業家的志向性を競争優位性のある組織能力と捉え，経営成果との関係を支持する実証研究は多い[4]．企業家的志向性の研究は，欧米諸国を中心としてきたが，国や地域の制度，ビジネスの仕組みの違いを視野に入れたグローバルな議論がなされ，日本のデータに基づく研究は，今後一層求められるだろう．

　論理実証主義の枠組みに従う実証研究の成果は，当該分野の成果との関連性による位置づけや新たな研究課題の明示を通じて研究の連鎖と蓄積を生み，実践的含意に結びつく．実証主義によって検証された命題は，当該分野の研究の進展に貢献し，経営実務への十分な含意も持つ．研究コミュニティへの訴求力が強く，経営理論と実務への波及効果の大きな論文は質の高い研究論文である．

　しかし，定量的研究では，企業家と戦略や組織との要因による因果関係の推定は簡単ではなく，統計処理の結果ゆえに削ぎ落としてしまうものも大きい[5]．研究成果の社会への還元を重視する風潮の下では，学問的手続きの頑健性だけではなく，その研究は世の中にどんな意味を持つのか，すなわち現実の世界の事象と学術研究での高い関心事の接点をいかに求める研究論文なのかを改めて問う必要がある．

　企業家像の系譜において，資本の提供者と利用者の区別が明確化した背景には，世界的な規模で進行した産業化があり，Schumpeter の企業家像の背後には，資本主義の歴史で人口や資本という生産要素の増加がない時もなぜ経済は停滞しなかったか，競争が繰り広げられる状況でもなぜ利潤は消滅しなかったのかという問いがあった．企業家像は，時代の直面する問題とその解決プロセスを色濃く映し，実践の場を反映した事例研究の蓄積が欠かせないのである．

　アントレプレナーシップは，通常「企業家精神」と訳されるが，時代と社

会の変化の中で新機軸に挑戦し，リスクテイキングを厭わず行動する企業家の活動全てを含み，必ずしも企業家の精神だけに関することではない[6]．歴史的，社会的背景と関わる多様な視点で研究可能な広がりのある概念であり，時代性や社会性と不可分であるがゆえに，質の高い研究論文には，実践の場の知識や情報を取り込んだ研究テーマの新しさが求められる．

3 経営学の視点からの企業家研究
2つの研究の焦点

　日本における企業家研究は，バブル崩壊後の閉塞的な経済状況を打開する変革の担い手として企業家や起業家，ベンチャービジネスに注目が集まり，1990年代半ば頃から再び活性化している．経営学は，経営現象について理論的，実証的に研究する学問であり，主に企業経営を対象とする実践的志向性の強い学問分野である．研究者と高い問題意識を持つ実務家が知的に刺激し合い，知識や情報が相互に浸透されることで成り立つ分野として，研究者と実務家の双方の問題解決に資することが求められる．

　経営学における企業家研究は，基本的には，イノベーションを構想し，その実現を図る変革の担い手を企業家として捉え，既存組織の外部で徒手空拳に近い状況から事業を創造する独立企業家と，既存の組織内で活動する組織内企業家（社内企業家）とに分けて分析対象とし，企業家の内面と企業家を取り巻く環境が研究の焦点となる（加護野，2014）．イノベーションの対象は，新製品，生産や販売の新しい方法，新たなビジネスモデルやビジネスシステム等多岐にわたり，企業家活動の主体は，創業者や中興の祖と呼ばれる事業承継者等のトップマネジメントに限らず，組織階層の中位や下位に属する構成員の場合も多い．

　次に，企業家の内面と企業家を取り巻く環境との2つの研究の焦点から，質の高い研究論文について考えてみよう．

1 企業家の内面に関する研究

　企業家は，多くの人々が困難と考える新しい構想の実現に挑み，そのプロセスの進捗を図る．研究の1つ目の焦点は，企業家の内面，特に心理的，精神的なプロセスに関する問題である．具体的には，新しい構想がいかにして着想されたのか，様々な困難の克服に要する心理的エネルギーを何処からいかに得たのかという問題である．

　シリコンバレー発の典型的な起業のように，多くのITベンチャーは数人でスタートする．その起業プロセスでは，十分なデータやエビデンスに基づく経営計画が完成されていたわけではないはずだ．データやエビデンスが揃ってはじめて事業の将来性を判断できるなら，従来のビジネスモデルの延長にある構想の事業しか生み出せない可能性が高く，データやエビデンスが揃った時には，多くの場合，既にビジネスチャンスを逃しているだろう．

　むしろ，未来を変えるイノベーションにつながる構想は，論理的識別に左右されない領域にこそ生まれ，人間の直観や洞察力が大きく影響するのではないかと考える方が納得的である．新しい事業構想の着想に関する分析では，その源になる企業家の洞察力や直観を考察し，それらを生み出す契機は何かを問う必要がある．

　石井（2009）は，実証主義では「見えない何かを見通す力」が軽視されるとし，経営者が将来の事業について保持するインサイト（洞察力）の存在を仮定して，それを「ビジネス・インサイト」と呼んで経営の実践と研究の関わりについて考察した[7]．

　企業経営において，既知のデータから将来を予測することには限界があり，企業家のその時点での判断が，将来のあり方を決めて現実を創っていく．ビジネス・インサイトという洞察力や，それによってある期を境に前後の事態が全く異なる創造的瞬間を不可欠とする見方は，企業家に，知識，情報，課題を総合的に勘案して将来を見通す力を身に付けねばならず，それができるはずだという強いメッセージを発信する．そして，潜在的には代替可

能な脈絡があり，現実の世界は必然で構成されてはいないという，石井の言う偶有性がある以上，実践の場での企業家活動との関係性を明示する必要がある．

　しかし，形式知への置き換えが難しく，暗黙的に認識して暗黙裡に知ることになる領域にあるビジネス・インサイトを先人の事例から学ぶのは難しい．石井は，Polanyi の言う「対象に内在する＝棲み込む」，すなわち「眼前にある手がかりあるいは対象に棲み込むという契機を経て，そこからその背後にある『意味ある全体』を見通す」ことが鍵であるとする[8]．

　ビジネス・インサイトは，使命感や危機感等を起点として，単なる観察者としてではなく当事者になって棲み込み，真剣に思索することで生まれると考えられる．

　創造的瞬間を体験するには，自らが直面する現実に対して真剣に向き合う必要があり，企業家の洞察力は，実践の場で試行錯誤し，企業の存続をかけて不断の努力を重ねる状況下で研ぎ澄まされていくのではないだろうか．

　熟達（expertise）した企業家の意思決定の原理を従来の因果論的決定ではなく，実効論的決定として捉えて，市場は紡ぎ出される（fabricated）とし，因果の関係を反転させるエフェクチュエーション（effectuation）のような研究成果の訴求力は強く，経営理論と実務への波及効果は小さくない[9]．

　現実には，イノベーションにつながる新しい構想を着想する人材の育成は可能か，いかなる要件があるのかが切実な問題だ．少子高齢化の急速に進む日本において，経済的，社会的活力を維持する観点からは，シニアの組織成員や第二の人生を送る人々と関係づけ，従来の発想や慣行に囚われず，実践の場での個人や組織の行動を変えていく必要があり，問題意識の高い実務家の示唆は，具体性に富む．

　Wiseman（2014）は，ルーキー（年齢に関係なく，あることに初めて取り組む人）は，イノベーションが必要な局面や緊急性の高い局面でベテラン（年齢に関係なく，過去に経験がある仕事に取り組む人）を凌駕することさえあるとし，ルーキー・スマート（rookie smarts）というルーキーならではの思考と

行動の意義を強調する.

　ルーキー・スマートの有無は，年齢や経験ではなく，人の精神の状態によって決まり，初体験の課題に取り組む際によくある思考や行動のパターンには，制約の無さ，周囲への警戒と情報の探索，慎重さと敏捷さ，欠乏感と猛烈さをキーワードとする4つのモードがあるとされる[10].

　Wiseman は，現代社会では，大量化（増え続ける情報），迅速化（仕事のサイクルの加速），短期化（知識の使い捨て）という根本的変化が個人の仕事環境に生じ，いずれの変化にも新しい働き方と知性が必要であるとする．こうした時代には，ルーキーであることが意味を持ち，「だれでも永遠にルーキーであり続けられる」前提で，学び続ける大切さが説かれる[11].

　経営理論の有用性を理解しない実務家は多いが，普遍性のある理論的知見の応用を実践の場で試みる実務家も少なくない．研究活動では，いかに既存の問いに答えるかに加え，いかにして新しい問いを発見するかという問題発見能力が問われる．その意味では，質の高い研究論文は，実践の場での叡智や情報を取り入れ，コンセプトメイキングのスマートさとセンスメイキングの巧みさによって，研究コミュニティだけではなく問題意識の高い実務家への訴求力を持つはずである.

2　企業家を取り巻く環境に関する研究

　研究の2つ目の焦点は，企業家を取り巻く環境に関する問題である．イノベーションに関する構想は組織成員が理解しづらく，既存事業の資源配分に不利益をもたらすことが多い．社内企業家は，組織成員の無理解や抵抗，組織文化の変革等を課題とし，これらについては多くの研究蓄積があるが，ここでは独立企業家を取り巻く環境に関する問題に絞って考えよう.

　先駆的研究は，シリコンバレーとルート128沿線地域に関する Saxenian (1994) の比較研究である．いずれもアメリカの代表的クラスターであるが，地域経済を生産要素の寄せ集めではなく産業システムとして捉え，そのネットワークや取引関係等を分析すると2つの事例には大きな違いがあっ

た．その違いから「分散化した地域ネットワークに基づくシステム」と「独立企業に基づくシステム」の2つのモデルとして比較し，シリコンバレーの「地域的優位性（regional advantage）」を解明したのだ．

シリコンバレーのシステムでは，大学や業界団体，非公式なホビイストクラブ，専門団体のフォーラム等の「地元機関や文化（地域の組織や文化）」「産業構造（あるセクターまたは関連セクター複合体の中での社会的分業，すなわち垂直統合の度合い）」「企業組織（企業の内部構造）」の3つの側面が，密接に関連し合って地域の適応能力を形成し，イノベーションと起業に資する知識の共有や交換がクラスター発展の要因となっていた．シリコンバレーのシステムは，競争と協力のパターンの変化を通じて地域のネットワーク上に構築され，実験や学習が個別企業の中に閉ざされて離散し，自己充足的なルート128のシステムに比べて柔軟で技術的にダイナミックだったのである．

福嶋（2013）は，1960年代からのオースティンの成長過程を産業振興モデルの変遷として4つの時期に区分し，誘致，テクノポリス，アントレプレナー，トリプルヘリックスを鍵概念として整理した．

地域の経済発展を主導した企業家や諸機関に焦点を合わせて様々な主体の行為の連鎖を考察し，クラスター出現のプロセスは「意図と偶然のつづれ織り」であり，成功の理由を少数の要素に帰結させるのは困難とする．だが，大学，金融機関，自治体，先導的企業家の固有の役割が，クラスター形成に寄与したことは明らかである．

日本の地域を対象とした研究でも，クラスターやエコシステム内部で活動し，プラットフォームの形成や変革を起こす企業家活動が強調される[12]．既存の分野（field）の仕組み，制度の刷新や，従来と異なる仕組みや制度を創り出す変革の担い手（change agent）を対象とする研究は多い[13]．起業や事業創造に関わる企業家活動と，プラットフォーム形成に関わる企業家活動のダイナミックな相互作用を通じ，ミクロレベルの企業家活動が，メゾ（地域）レベルのクラスター形成につながる（金井，2012）．

このような先端技術開発等の時宜にかなった問題に関する理論的知見を得

た研究論文は，強い訴求力と大きな波及効果を持つはずだ．

　しかし，新機軸を担う企業家は，先端的クラスター，エコシステムだけに存在するわけではない．Scranton（1997）は，アメリカの産業発展を歴史的に見ると，大規模企業の大量生産と効率的経営だけではなく，非標準製品生産分野のクラスターや工業地域の存在が特徴的であり，「そのような分野の企業家は大量生産企業とはまったく違う生産と収益性への戦略を編み出した」とし，大量生産の大企業と専門生産の中小企業が併存する意義と，新機軸の担い手としての中小事業者の役割に注目すべきことを主張する[14]．

　日本の地場産業や伝統産業も，企業家を輩出する独自の協働と支援の仕組みを生み出している[15]．産地を産業集積として捉えると，地場産業や伝統産業の産地はなぜ長く存続してきたのか，多くの熟練工の技術や技能はいかにして形成されたのかを問うことができる[16]．

　伊丹（1998, pp. 7-9）は，中小企業の集積が継続する直接的な理由として，集積外部から外部市場と直接に接触をもって需要を搬入する企業（需要搬入企業）の存在と，集積全体で外部の需要の変化に応える柔軟性の保持をあげる．産地は同業者と関連業者の集積で形成され，様々な取引を通じて物品を産出し，顧客に届けるための分業構造を持つ．産地の主体間に組織的関連性があり，1つのシステムとして機能することが必要なのである．

　伝統的陶磁器産地の研究は，伝統工芸技術の影響力，産地内や世代間の競争による製品イノベーション，低価格を競い合う収奪的競争を回避する競争の不文律が，産地の存続に資することを明らかにしている[17]．

　有田焼産地の分析を基に，山田（2018）は，経路依存性から産地の経済基盤とブランド形成の核となった中枢の陶業者と，産地の分業構造に組み込まれた辺境の陶業者が，産地の自己革新と存続に固有の役割を果たし，外部組織と連携した辺境の陶業者の新機軸を中枢の陶業者が正当化して，伝統的技術や技能への共感を通じて新機軸の顧客を既存分野へ引き込む循環的な関係づくりの必要性を主張する[18]．

　中枢と辺境の陶業者は，いずれも重代の土着ファミリービジネスとして正

当性を持ち，競争と協同によって地域の協働の仕組みに組み込まれ，そこには自己と産地の存続が表裏一体であるという共通認識がある[19]．

このように，企業家を中心とした経済的，社会的関係の中に内発的成長と発展に資する仕組みが埋め込まれているとする視点から，文化的，社会的要素を取り入れて時系列的な推移を重視し，地域の自己革新や存続における企業家の役割を解明する研究論文は，学際的研究の必要性から研究コミュニティへの訴求力を持ち，実践の場の叡智や一次情報を分析に活かすことで，経営理論と実務のいずれにも波及効果の大きい論文となるだろう[20]．

4 結　び

学術研究の一般的な評価は，少なくとも 2 つの視点から可能である．1 つは，当該研究が行われた時代の問題解決の方策としての評価である．もう 1 つは，現代の処方箋もしくは教訓としていかに位置づけるかという視点からの評価である．質の高い研究成果として，新たな理論的知見を得る研究論文を目指すことは自明である．大学に問われるのが新たな知の創造なら，社会的問題の解決に資する新しい知見を提起した研究論文の訴求力は強く，波及効果は大きい．

しかし，現実の分析には，自らのアイデア等に基づく主張や解答が先にあり，それを前提にデータを収集し，後から論理の筋道を付ける answer-begging-question 的アプローチが少なからずあることも事実である（田中，1991）．自らの論理では捉え切れない問題が残されていることを常に自覚し，分析結果に対して謙虚に向き合う姿勢が読み取れる研究論文でありたい．

近年，日本の大学における研究成果の発信では，国内外の査読付き学術雑誌に定量的研究を投稿することが主流となった．だが，分析の頑健性の追求だけではなく，特定事象の分析での事例研究の有効性に鑑み，時系列的な推

移を視野に入れた研究が必要である．時間軸の重視は，対象となる諸事象の意味を史的文脈の中で適切に位置づけ，分析結果に深みと説得力を生むはずである．

　経営学における企業家研究では，時代性や社会性を考慮したホリスティックな視点から経営現象を捉え，いかなる企業家活動を射程に入れた研究なのかを考える必要がある．質の高い研究論文とは，実践の場で応用可能な普遍性を内包する理論的知見から，研究コミュニティと問題意識の高い実務家の双方への訴求力を持ち，経営理論と実務の間に循環的関係を生み出す契機となる波及効果の大きい論文である．

　経営学，経営史，経済学，社会学等の多彩な分野の学問的知見と，実践の場の叡智や一次情報を研究テーマや分析手法の新しさに反映し，時系列的な推移を重視した研究成果であることが，時代を超えて求められるだろう．

[注]
1 ）　本稿では，シュンペーター（1998）p. 89の清成忠男の訳に依拠し，entrepreneurship を企業家活動，entrepreneur を企業家で統一する．
2 ）　Hisrich & Peters は，当時の発明の多くが世界的な変化の過程に呼応して生まれ，Eli Whitney と Thomas Edison の 2 人が資本の利用者であった事実を指摘する．Whitney は，収用された英国直轄地を活用して産業革命の代表的な発明の綿繰り機の資金を賄い，白熱電球や蓄音機の発明者 Edison は，民間資金を集めて開発に取り組んだ．Hisrich & Peters（1998）pp. 9-8.
3 ）　企業家の類型別の特性や意思決定の違い，急成長する中小企業との関係についての実証研究は，Storey et al. (1987)，Westhead & Wright (1997)，山田（2014）参照．
4 ）　企業家的志向性については，Rauch et al. (2009)，江島（2018）参照．日本企業のデータに基づく実証研究については，Anderson & Eshima (2013)，Yamada & Eshima (2017)参照．
5 ）　実証主義に潜む根本的限界には，状況依存性，一般化の罠，状況定義の困難がある（石井，2009, pp. 34-49).
6 ）　Drucker（1985，邦訳，pp. 2-3）は，アントレプレナーシップを「個人であれ組織であれ，独特の特性を持つ何か」であり，「まったく新しいことを行うことに価値を見出す」とし，Timmons（1994，邦訳，p. 10）は，「何もないところから価値を創造する過程」とする．

7） 石井（2009, pp. 2-4, p. 10）は，松下電工の三好俊夫元会長が「強み伝い（自社のドメインの中で改良商品を製作していく）をやっていくうちに，大体，斜陽産業になってしまう」という問題意識から，「経営者は跳ばなければならない」と主張したことに注目した．

8） その人の立場に立って，その人になりきる「人に棲み込む」，松下幸之助や中内功が，経営者になって学校の夜間部で真摯に勉強したように，理論の可能性を実践の場で見出す「知識に棲み込む」，事物の固定的見方を排し，新たな意味や可能性を見出す意味での「事物に棲み込む」がある（石井，2009, pp. 111-119）．

9） エフェクチュエーションの原則（principle）は，目的達成のために資源を集めるのではなく，手元の資源を利用して新たなことに取り組む（bird-in-hand），将来の期待利益の計算ではなく，どの程度の損失に耐えうるかを覚悟する（affordable-loss），目的に合わせた協力者の決定ではなく，協力者との話し合いで目的を決定する（crazy-quilt），レモン（粗悪品）を掴まされるのを避けるのではなく，掴まされたレモンでレモネードを作ればいいという気概でリスクに挑戦する（lemonade），技術や社会の趨勢という外部要因ではなく，担当する人材を機会創造の原動力とする（pilot-in-plane）である（Sarasvathy, 2008, 邦訳，pp. 94-125）．

10） 4つのモードは，失うものはなく自由な思考で動き，環境に適した新手法を見出す「バックパッカー」，周囲の状況を注意深く観察して情報を探索し，専門知識を集める「狩猟採集民」，ルーキーの自信のなさが生む慎重さと，知識不足を補うために素早く行動する「ファイアウォーカー（火渡りの儀式をする人）」，潤沢な資源がないため，物事を単純化して最大の欲求を満たそうと力強く前に進む「開拓者」である（Wiseman, 2014, 邦訳，pp. 40-46）．これらのモードは，1人が複数持つ場合もありうる．

11） Wiseman（2014, 邦訳，pp. 10-14, pp. 18-22, pp. 187-188）は，17年間オラクルで企業内教育や人材開発の中心的役割を果たし，退社後はシリコンバレーを中心にコンサルタント活動をしている．65歳を過ぎてから大半の著作を書いたDruckerも例示され，ルーキーであり続ける資質として，好奇心，謙虚さ，遊び心，計画性の4つを提示した．これらは，高齢化社会のライフスタイルを楽しむのに必要な資質と言えよう．

12） サッポロITクラスター形成プロセスや大学発ベンチャーによる事業創造は，金井（2012），山田（2015）参照．

13） 制度的企業家（institutional eutrepreneur）概念との関連性については，Battilana et al.（2009, pp. 68-72）参照．

14） Scranton（1997, 邦訳，p. vi）．稲垣（2003）は，イタリア・ボローニャの包装機械産業の集積プロセスでのスピンオフ連鎖に注目している．

15） 西尾（2007），加藤（2009），森元（2009），柴田（2016），曽根（2016, 2019）参照．加護野（2007）は，地域産業の生み出した地域内の企業間，個人間の協働を律する制度や慣行の研究の意義と，産業の制度や慣行と地域の文化との間に深い結びつきがあるという事実の重要性を強調する．

16） 産業集積は，「1つの比較的狭い地域に相互の関連の深い多くの企業が集積している状態」と定義される（伊丹，1998, p. 2）．

17） 陶磁器産地の取引関係に基づく協働の仕組み，伝統的技術や技能を受け継ぐ人材の切磋

琢磨による育成の仕組み，産地内の競争関係による分析は，山田（2013），山田・伊藤（2008, 2013），出口（2017）参照.

18) 山田（2018）．また，岩崎（2018）は，おごと温泉の地域革新と企業家活動について分析している．

19) Piore & Sabel（1984，邦訳，pp. 339-341）は，「地域的な集合体が生き残るためには，コミュニティ的な結びつきが，民族的，政治的，宗教的いずれの形であれ，不可欠ではないか」とする．地域の取引基準に反する行為は，地域社会の根幹の道徳律をも犯し，経済的取り決めを破る以上の意味を持つ．

20) 宮本（2014）は，経営者企業と組織能力を軸とし，現代資本主義のダイナミズムを捉えようとしたChandler の組織論的経営史研究が，1948年設立のハーバード大学企業者史研究センターの研究と密接に関連して形成されたとし，センターの目指した非経済的要素，文化的，社会的要素を取り入れた学際的研究の継承を提唱する．

[参考文献]

Anderson, B. S., & Eshima, Y. (2013). The influence of firm age and intangible resources on the relationship between entrepreneurial orientation and firm growth among Japanese SMEs. *Journal of Business Venturing, 28*(3), 413-429.

Battilana, J., Leca, B., & Boxenbaum, E. (2009). How actors change institutions: Towards a theory of institutional entrepreneurship. *Academy of Management Annals, 3*(1), 65-107.

出口将人（2017）．「地域の産業集積の多様性とその決定要因—岐阜県東濃地域の陶磁器産地と他産地との比較をつうじて—」『組織科学』*50*(4)，41-53．

Drucker, P. F. (1985). *Innovation and entrepreneurship*. HarperCollins Publishers（上田惇生訳『イノベーションと企業家精神』ドラッカー名著集5，ダイヤモンド社，2007）.

江島由裕（2018）．『小さな会社の大きな力—逆境を成長に変える企業家的志向性（EO）—』中央経済社．

福嶋路（2013）．『ハイテク・クラスターの形成とローカル・イニシアティブ—テキサス州オースティンの奇跡はなぜ起こったのか—』東北大学出版会．

Hisrich, R. D., & Peters, M. P. (1998). *Entrepreneurship* (4th ed.). Irwin/McGraw-hill.

稲垣京輔（2003）．『イタリアの起業家ネットワーク—産業集積プロセスとしてのスピンオフの連鎖—』白桃書房．

石井淳蔵（2009）．『ビジネス・インサイト—創造の知とは何か—』岩波書店．

伊丹敬之（1998）．「産業集積の意義と論理」伊丹敬之・松島茂・橘川武郎（編）『産業集積の本質—柔軟な分業・集積の条件—』(pp. 1-23)．有斐閣．

岩崎勝彦（2018）．『おごと温泉の地域革新—地場産業を蘇らせる企業家活動—』中央経済社．

加護野忠男（2007）．「取引の文化—地域産業の制度的叡智—」『国民経済雑誌』*196*(1)，109-118．

加護野忠男（2014）．「経営学からの企業家研究」宮本又郎・加護野忠男・企業家研究フォーラム（編）『企業家学のすすめ』(pp. 22-25)．有斐閣．

金井一頼（2012）．「企業家活動と地域エコシステム構築プロセスのミクロ－メゾ統合論」西澤昭夫・惣那憲治・樋原伸彦・佐分利応貴・若林直樹・金井一頼『ハイテク産業を創る地域エコシステム』(pp. 231-266)．有斐閣．

加藤厚海（2009）．『需要変動と産業集積の力学―仲間型取引ネットワークの研究―』白桃書房．

Kirzner, I. M. (1973). *Competition and entrepreneurship*, The University of Chicago（田島義博監訳，江田三喜男・小林逸太・佐々木實雄・野口智雄共訳『競争と企業家精神―ベンチャーの経済理論―』千倉書房，1985）．

Kirzner, I. M. (1997). *How markets work*. The Institute of Economic Affairs（西岡幹雄・谷村智輝訳『企業家と市場とはなにか』日本経済評論社，2001）．

宮本又郎（2014）．「企業家学の系譜」宮本又郎・加護野忠男・企業家研究フォーラム（編）『企業家学のすすめ』(pp. 4-21)．有斐閣．

森元伸枝（2009）．『洋菓子の経営学―「神戸スウィーツ」に学ぶ地場産業育成の戦略―』プレジデント社．

西尾久美子（2007）．『京都花街の経営学』東洋経済新報社．

Penrose, E. (1959). *The theory of the growth of the firm*. Basic Blackwell（末松玄六訳『会社成長の理論』ダイヤモンド社，1962）．

Pinchot III, G. (1985). *Intrapreneuring*, Harper & Row Publishers Inc.（清水紀彦訳『社内企業家（イントラプルナー）』講談社，1985）．

Piore, M. J., & Sabel, C. F. (1984). *The second industrial divide*. Basic Books Inc.（山之内靖・永易浩一・石田あつみ訳『第二の産業分水嶺』筑摩書房，1993）．

Rauch, A., Wiklund, J., Lumpkin, G. T., & Frese, M. (2009). Entrepreneurial orientation and business performance: An assessment of past research and suggestions for the future. *Entrepreneurship Theory and Practice, 33*(3), 761-787.

Sarasvathy, S. D. (2008). *Effectuation: Elements of entrepreneurial expertise*. Edward Elgar Publishing（加護野忠男監訳，高瀬進・吉田満梨訳『エフェクチュエーション―市場創造の実効理論―』碩学舎，2015）．

Saxenian, A. (1994). *Regional advantage: Culture and competition in Silicon Valley and Route 128*. Harvard University Press（山形浩生・柏木亮二訳『現代の二都物語―なぜシリコンバレーは復活し，ボストン・ルート128は沈んだか―』日経BP社，2009）．

Schumpeter, J. A. (1926). *Theorie der wirtschaftlichen entwicklung* (2 Aufl.). Duncker & Humblof（塩野谷祐一・中山伊知郎・東畑精一訳『経済発展の理論』上巻，岩波書店，1977）．

シュンペーター，J. A.（著），清成忠男（編訳）(1998)．『企業家とは何か』東洋経済新報社．

Scranton, P. (1997). *Endless novelty: Specialty production and American industrialization, 1865-1925*. Princeton University Press（廣田義人・森杲・沢井実・植田浩史訳『エンドレス・ノヴェルティ―アメリカの第2次産業革命と専門生産―』有斐閣，2004）．

柴田淳郎（2016）．「経営と技能伝承のビジネスシステム―彦根仏壇産業の制度的叡智―」加護野忠男・山田幸三（編）『日本のビジネスシステム―その原理と革新―』(pp. 167-182)．

　有斐閣.

曽根秀一 (2016).「長寿企業の家族的経営の力—金剛組の超長期存続の叡智—」加護野忠
　男・山田幸三 (編)『日本のビジネスシステム—その原理と革新—』(pp. 148-166). 有斐閣.

曽根秀一 (2019).『老舗企業の存続メカニズム—宮大工企業のビジネスシステム』中央経済
　社

Storey, D. J., Keasey, K., Watson. R., & Wynarczyk, P. (1987). *The performance of small
　firms: Profits, jobs and failures.* Croom Helm.

田中康秀 (1991).「新野幸次郎先生の学問—Answer-begging-question の体系としての経済
　学—」『国民経済雑誌 (新野幸次郎教授記念号)』*164*(4), 121-142.

Timons, J. A. (1994). *New venture creation: Entrepreneurship for the 21st century.* Irwin (千
　本倖生・金井信次訳『ベンチャー創造の理論と戦略—起業機会探索から資金調達までの実
　践的方法論—』ダイヤモンド社, 1997).

Westhead, P., & Wright, M. (1997). Novice, portfolio, and serial founders: Are they differ-
　ent? *Journal of Business Venturing, 13*(3), 173-204.

Wiseman, L. (2014). *Rookie smarts: Why learning beats knowing in the new game of work.*
　Harper Collins Publishers (池村千秋訳『ルーキー・スマート』海と月社, 2017).

山田仁一郎 (2015).『大学発ベンチャーの組織化と出口戦略』中央経済社.

山田幸三 (2013).『伝統産地の経営学—陶磁器産地の協働の仕組みと企業家活動—』有斐閣.

山田幸三 (2014).「企業家のタイプ—Nascent・Novice・Habitual・Serial・Portfolio—」宮
　本又郎・加護野忠男・企業家研究フォーラム (編)『企業家学のすすめ』(pp. 184-200). 有
　斐閣.

山田幸三 (2018).「産地の自己革新と企業家活動—有田焼陶磁器産地の事例を中心として—」
　『企業家研究』*15*, 81-107.

Yamada, K., & Eshima, Y. (2017). Impact of entrepreneurial orientation: Longitudinal analy-
　sis of small technology firms in Japan. *Academy of Management Proceedings* (*Best Paper
　Proceedings of the 2009 Academy of Management Annual Meeting*), Vol. 2009,
　DOI:10.5465/ambpp.2009.44243059.

山田幸三・伊藤博之 (2008).「陶磁器産地の分業構造と競争の不文律—有田焼と京焼の産地
　比較を中心として—」『組織科学』*42*(2), 89-99.

山田幸三・伊藤博之 (2013).「陶磁器産地の分業構造の変化と企業家活動—信楽焼産地の事
　例を中心として—」『組織科学』*46*(3), 4-15.

Shigeru Asaba

淺羽 茂
早稲田大学大学院 経営管理研究科 教授

自分なりの審美眼(面白さ評価力)を持つ

はじめに

われながら「変なタイトルだ」と思う．しかし，このタイトルには，筆者が本稿でいいたかったことが表されている．以下で「質の高い研究」についていろいろなことを述べるが，結局これしかいえないのだと筆者は考える．

「質の高い研究論文とは？」について持論を述べよという執筆依頼を受けたとき，筆者は自分にはなにか物申す資格はないと考えた．自分は，自他ともに認める優れた研究者ではない．研究法を専門に探求している方とは異なり，深い検討のもとに意見を述べることもできない．さらに，最後に書いているように，そもそも筆者は，他の人に「優れた研究とはなにか」というようなことを述べるのが好きではない．しかし，せっかくの依頼である．「持論を述べよ」ということなので，意味のあるまとまった論考には到底なりえないが，雑感（雑駁な文章）を以下に記すことにする．

この原稿の依頼文には，「多様な視点から『質の高い論文』の条件を明らかにすることによって，学術誌への掲載を実現するための努力の方向性を指し示したい．」と書かれていた．この説明によれば，学術誌（査読誌とほぼ同義だと考えてよいだろう）に掲載される論文こそ質の高い論文であると想定されていることになる．しかし，後で述べるように，論文が学術誌に掲載され

るためには，論文の質の高さは必要ではあるが，十分ではない．また，（評価の高い）学術誌に掲載されたということは論文のある種の質の高さを示してはいるが，それだけで論文の質の高さを判断すべきではない．

　そこで本稿は，以下のような構成をとる．まず，学術誌，特に評価の高い査読誌に論文を載せる場合にどのような点に気を付けなければならないのか，筆者の限られた経験をもとに考えてみる．次に，査読付き論文（の数や質）で研究を評価することの問題点，弊害を指摘する．そのような弊害があるとすれば，査読誌のパブリケーション以外にどうやって研究の質を評価すればよいのかについて第4節で考えてみる．最後に，筆者が考える「良い研究」とはなにかを述べ，結びとする．

2　査読誌に掲載される論文 ＝「良い」論文を書くために

　査読誌に掲載された論文が質の高い研究論文かどうかは後で議論するとして，以下ではまず，論文を査読誌に掲載するために注意すべきことを考えてみよう．

　海外の経営系の査読誌に掲載された論文を見ると，その構成は以下のようになっていることが多い．①研究の動機，リサーチクエスチョン（RQ），②既存の理論の批判的検討から仮説の導出，③データの説明や変数，分析方法の説明，④分析結果の報告，⑤貢献，限界についての議論．論文を査読誌に投稿したことのある方，査読誌に投稿された論文の査読をしたことがある方はおわかりいただけるだろうが，上記①から⑤のすべてにおいて，コメント（ダメ出し）が出される．換言すれば，①から⑤のすべてにおいて，一定水準以上でないとその論文はアクセプトされない．

　実証研究の論文を執筆する者であれば，分析に関わる部分（③，④）がもっとも気になるが，この5つのポイントのなかでとくに重要なのは，①，②，⑤である．とりわけ定量的な実証研究であれば，分析部分の作法はかな

り明確なので，それを満たしたうえで論文が書かれ，投稿される．ゆえに，投稿した論文の査読コメントに対応するときもっとも苦労させられるのは①，②，⑤である．少なくとも筆者の場合はそうである．

さらにいえば，①を中心に②や⑤についても盛り込まれるイントロダクションは，もっとも重要である．筆者が大学院生であったとき，「査読者は，仕事に疲れた1日の終わりに，眠い目をこすりながら論文を読む．ゆえに，イントロダクションをさっと読み，よくわからなければその論文はゴミ箱行きになる」といわれた．イントロダクションのなかで，どの既存研究をどのように参照しているかを示すことは，査読者に対して自分の立ち位置を明確にするためにきわめて重要である．RQやフィールドに対する貢献は，寝惚けまなこでもわかるぐらい明確に書き，「この論文は精読に値する」と査読者に思わせなければならない．

そもそもRQはどのようにして生まれるのであろうか．筆者は，(1)既存の研究の間にコンフリクトを見つけ，それを解消しようとする，(2)既存の研究では扱われてこなかった新しい現象を理解しようとする，という2つのRQ創出パターンがあると考える．

筆者が大学院で受けた授業の1つに，組織理論の主要なディシプリンが章ごとにまとめられた本（Donaldson, 1995）をテキストとし，毎回1つの章を読み，その章で扱われているディシプリンの最新研究動向を図書館にある新刊雑誌を読んで理解し，未解決の問題を探し，それを解決するための研究を考え，その研究を論文にする際のイントロダクションを書いて議論する，というものがあった．当初は，未解決問題が簡単に見つからず，なにを書けばよいのかわからず困ったが，学期が進むにつれて次第に解決すべき問題を明記したイントロダクションを書けるようになってきた．この授業は，まさしく(1)のパターンでRQを生み出すためのトレーニングであったといえる．(1)のパターンでRQが生み出された研究は，最初から貢献が明らかである．手前味噌で恐縮だが，筆者の研究でいえば，企業間の模倣についての研究である淺羽（2002），Lieberman & Asaba（2006），Asaba & Lieberman（2017）

がこのパターンである．これらは，既存研究をサーベイすると様々な模倣の
メカニズムが考えられているが，どのような場合にどのメカニズムが正しい
のかが明らかにされていないので，それ（未解決問題）を明らかにすること
がRQになっている．

　他方，(2)のパターンでRQが生み出された研究は，ことさら明確に貢献を
考え，書き込まなければならない．新しいビジネスモデルや新しい組織形態
など，世の中に新しい経営現象は事欠かない．実務家向けのいわゆるビジネ
ス書で，「最先端の○○○」「これからの×××」と取り上げられるからでも
あるが，注目度は満点で，インパクトのある研究となりうる．もちろん研究
対象である新しい経営現象のなかには，既存研究ではうまく説明できないも
のもある．しかし，その研究論文を査読誌に載せるためには，その現象を説
明する理論が既存の理論とどのように異なるのか，当該研究によってある研
究分野のこれまでの知の蓄積になにを付け加えることができるのか，つまり
貢献を明確にしなければならない．それがないと，単なる最新事情の解説に
なってしまう．換言すれば，現象やデータの新しさ，希少性だけでは，現象
ドリブン，あるいはデータドリブンの研究だといわれ，査読誌に論文を載せ
るのは難しい．

　筆者の研究でいえば，査読付き論文ではないが，互換性，業界標準，ネッ
トワーク外部性といった新しい現象を分析した研究を行う際，貢献を明らか
にするために苦労した（淺羽, 1995）．研究対象とした産業，企業では，競争
戦略の3つの原則（と筆者が考えた），「優れた製品を低価格で（generic strate-
gies）」「早期に市場を支配（first mover advantages）」「模倣を防ぎ市場地位を
防衛（sustainable advantages）」を満たさない競争行動原理が働くことを明示
した．また，当時企業の戦略分析にゲーム理論を応用することが経済学者に
よって盛んに行われていた．ある企業の動きに対してライバルが対抗すると
いう企業の相互作用を分析する際に，ゲーム理論が威力を発揮するからであ
る．しかし，実際の事例にゲーム理論を当てはめた，経営学者による競争戦
略研究は少なかった．業界標準をめぐる競争では，企業間の競争と協力とい

図 I　実証分析にとっての理論的貢献の分類

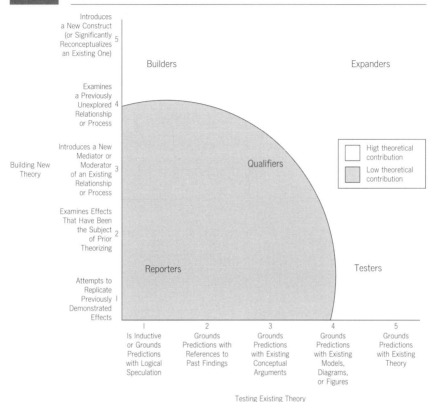

出所：Colquitt & Zapata-Phelan (2007) p. 1283.

　う相反する相互作用が色濃く表れるので，この研究は企業間の相互作用を明示的に組み込んだ競争戦略論と考えることができる．これが，筆者が考えたこの研究のもう1つの貢献である．

　いずれのパターンで生まれたRQにもとづく研究であっても，既存研究の批判的検討から，当該研究にはどのような（理論的）貢献があるのかを熟考しなければならない．Colquitt & Zapata-Phelan（2007）がまとめているように，経営学の学術誌では，「既存理論の検証」か「新しい理論の構築」の

いずれか，のぞむらくは両方で，理論的貢献が強く求められるのである（図1参照）.

査読誌への掲載を目的とする問題点

　先述したように，査読誌に論文を掲載するためには，論文の構成要素①〜⑤すべてにおいて一定の水準を満たしていなければならず，さらに明確な理論的貢献を求められるので，多くの研究者が苦労することになる．ゆえに，査読付き論文は高く評価されるべきであろう．また，同じ分野の研究者である査読者，つまり専門家のお墨付きを得たということが，査読付き論文の評価にある種の信頼性を与えているとも考えられる．

　しかし，査読付き論文かどうかで研究を評価することの問題点も指摘されている．佐藤（2017, 2018）は，査読誌へのパブリケーションで研究を評価する英国での研究状況を検討し，「ジャーナル駆動型リサーチ」が優勢になってしまうこと，それが研究の狭隘化，均質化，「サラミ論文」化をもたらしてしまうことを警告している．このような問題は，査読誌に掲載されるためのポイントのなかに，研究を均質化，保守化してしまう原因が組み込まれているからだと考えられる．

　上述したように，査読プロセスを乗り越えるためには，①から⑤のポイントすべてにおいて，文句の出ないような水準に達しなければならない．もちろん査読者のコメントに対処するプロセスを通じて，投稿者の問題意識がより明確になることも少なくないが，様々な点に配慮する結果，当初もっていたユニークな論点，とがった部分がそぎ落とされ，保守的になってしまうこともある．また，(1)のパターンで貢献を出そうとするあまり，全く新しい論点を生み出すというよりも既存研究の知の蓄積のうえに小さくてもよいから積み重ねることができる貢献を追求してしまう．さらに，だれも取り組んでいないような現象よりは，その時に流行っているトピックの方が，研究され

がちである．その方が査読者に論文（の貢献）を理解してもらいやすい（流行っているから重要なトピックを扱っていると評価する査読者もいるかもしれない）からである．しかしその結果，研究内容が均質になりがちとなる．

　筆者が Academy of Management の年次大会のあるレセプションで，RBV（resource-based view of the firm）に関わる論文をいくつも発表していた著名な研究者を紹介された．そのとき，その人に「お前はどのような研究をしているのか？どんな研究であれ，論文の中に RBV と一言入れろ」といわれて大きな違和感を抱いた．もちろん「巨人の肩に立つ」ことによって学問が発展してきたのだから，先人による知の蓄積に敬意を払い，そこになにかを付け加えることが大切なのは疑いないが，学会は時として流行を追うような雰囲気になってしまう．

　以下の2つの論文は，査読誌ではユニークな論点をもった論文が掲載されにくいということを示唆している．1つは，J. Barney の "Firm resources and sustained competitive advantage" という論文である．RBV についての論文を書くときには必ず参照されるこの論文でさえ，1991年に *Journal of Management* に掲載される前に，いくつもの査読誌にリジェクトされたという．もう1つは，Dynamic Capability という言葉を世に出した，D. Teece, G. Pisano, A. Shuen の "Dynamic capabilities and strategic management" という論文である．世界で最も有名なワーキング・ペーパーといわれたこの論文でさえ，1997年に *Strategic Management Journal* に掲載されるまで，7年ぐらいかかっているのである（論文が長すぎるというのが一番の理由かもしれないが）．

　また，査読誌に載りやすい論文にはドラスティックな研究が少ないという現象も指摘されている．査読付き論文では定量的な仮説検証型の論文が主流であるが，それは定性的な研究よりも定量的な研究の方が，先述の①から⑤のポイントを満たす論文が書きやすいからであろう．ゆえに，査読誌でパブリケーションを増やしたかったら，定量的研究をする方が近道と考えられる．しかし，定性的研究が定量的研究より劣っているわけでは全くない．井

上（2014）によれば，トップ・ジャーナルの最優秀論文の半数以上が事例研究による論文であり，「学会の常識をくつがえすような問題提起，意外性のある見解の提示などは，多くの場合，事例研究によってなされている」（p. 11）という．つまり，ブラックスワンを見つけるには，定量的研究よりも事例研究の方が優れているというのである．これが正しければ，査読誌でパブリケーションを増やすことを目的とすると，（掲載されやすい定量的研究が多くなり）インパクトのある研究が少なくなってしまうことになる．

　「ジャーナル駆動型リサーチ」は，上記のような問題，弊害を生み出すかもしれない．ただし，だからといって，査読誌へのパブリケーションを目指すのは良くないという意見には筆者は組しない．研究者全員が査読付き論文を目指さなくてもよいが，査読誌に掲載されるような論文を書くための努力を低く評価することには反対である．むしろ，筆者がいいたいことは，査読誌に掲載されるためのポイントのなかに，研究を均質化，保守化してしまう原因が組み込まれているので，査読付き論文を目指す研究者はそれに注意しなければならないということである．

研究の評価軸

　査読誌でのパブリケーションの数を追求しすぎると，研究の保守化，均一化を招いてしまうという問題が生まれるが，もちろん査読付き論文のなかにも，先に挙げた Barney（1991）や Teece et al.（1997）のように，数多く引用され，学会でのインパクトが大きな論文もある．ゆえに，査読誌のパブリケーションを重視する人たちも，研究の質はパブリケーションの数ではなく，被引用数で評価することが一般的である．他の論文に引用されるということは，他の研究者に重要な論文であると認められたということなので，被引用数は研究のインパクトや質を反映していると想定されるからである．

　そもそも研究の質にはどのような評価軸があるのだろうか．Polanyi

（1962）は，エビデンスにもとづき科学的にしっかりとしているという妥当性（plausibility），新しい知を提供するという新奇性（originality），他の研究にとって重要であるという科学的価値（scientific value）の3つの軸を提唱した．これに加えて，社会にとって重要であるという社会的価値（societal value）を4つ目の軸にする場合もある（Gulbrnadsen, 2000；Lamont, 2009）．Aksnes, Langfelt, & Wouters（2019）は，研究の質は多様な軸で評価されるべきものであると考え，引用プロセスなどを検討し，被引用回数で上記4つの軸を評価できるのかどうかを議論している．その結果，被引用数には重大な限界はあるものの科学的価値に関わる部分は反映している．しかし，他の3つの評価軸を反映していないと述べている．妥当性は査読プロセスを経ることによって最低水準は満たすであろうが，論文の被引用数による研究の質の評価にも問題がありそうである．

　学術論文が研究者以外にはほとんど読まれないという現実を考えると，とくに科学的価値ではなく社会一般に及ぼすインパクトは査読付き論文の被引用数では測れないであろう．むしろ，たとえば書籍でいえば発行部数，アマゾンの売れ筋ランキングやおすすめ度，オンライン記事であればアクセスランキングなどが，研究者だけでなく広く社会一般からの評価を反映し，社会的インパクトを測っているのかもしれない．あるいは，新聞，雑誌，テレビ，ラジオなどのマスメディアは社会から高い評価を得ている人を登用すると考えれば，メディアへの登場回数は，その人の研究の社会的インパクトを測れているのかもしれない．

　ただし，このような評価方法に対しては，当然反論がありうる．専門家ではなく，社会一般の人の評価を信じることができるのか，百歩譲って社会的インパクトを反映しているとしても，他の評価指標，特に科学的価値は測れないのではないか，といった反論である．あるいは，テレビ番組に対する，視聴率ばかり気にしてつまらない内容，似通った内容の番組しか制作されなくなったという批判と全く同様に，大衆に受けるような研究しか行われなくなるという批判もありえよう[1]．

インパクトのある研究が良い研究であるとして，科学的価値と社会的価値のどちらを評価すべきなのだろうか．専門家か社会一般か，一体だれの評価をもとにすべきなのだろうか．もちろん両方の価値において高い評価を得られればそれに越したことはないが，科学的価値を重視して厳密性を追求するあまり，わかりにくく一見退屈な研究になってしまい，一般の人は全く関心を寄せない研究になってしまうことはよくある．ゆえに科学的価値と社会的価値とはトレードオフの関係になりやすいといえる．

　良い研究とはなにかという問いに対する答えとして提案されるもののなかには，このようにトレードオフの関係にあるものが少なくない．たとえば，定性的研究か定量的研究か．これは研究方法の選択の問題なのだが，先に述べたように，ブラックスワンを見つけるか，科学的厳密性を重視するかの選択だと見ることもでき，ゆえにラディカルな貢献かインクルメンタルな貢献かというトレードオフの関係にあると考えることもできる．これは，大きなテーマ，一般理論の構築を目指すのか，具体的で小さいテーマではあるが厳密な研究を目指すのかの選択と言い換えても良いのかもしれない．

　あるいは上述したように，流行に乗るのか，差別化を強調するのかというトレードオフもある．自分の研究の「価値」を高めるには，他の研究となにが違うのかを強調し，差別化を図ることが重要である．しかし，他の人に認められるためには，他の人と同じような問題意識をもつことも大事かもしれない．あまりに違ったことをやっているとだれの目にもとまらないからである．逆に，流行に乗れば埋没してしまうし，新奇性という評価軸で劣ってしまうというジレンマに直面するのである．

　このように，研究の評価軸には，トレードオフ関係にあるものが多い．なんとかしてトレードオフ関係を打ち破り，双方において価値を高めることができればよいが，そんなことはなかなかできない．であれば，双方を対極とする連続線上のどこかを選択しなければならない．この選択は，当然ながら，研究者自身が行う．どこを追求するか大いに悩むであろうし，良い研究とはなにかに対する答えのなかに，追求すべきことを求める人もいるかもし

れない．「良い研究とはなにか」という本特集の狙いは，その答えを提供することだとも考えられる．

　しかし，筆者は，答えを提示したくない．なぜなら，この選択こそ，各々の研究者の権利だからである．「こういう研究が良い研究だ」と誰かが決めることは，各々の研究者に与えられた権利を奪うのに近いと筆者は考えるからである．筆者は，その権利をもっているはずの研究者に対して，「私が考える良い研究はこれだ（から，あなたもこれをせよ）」といって，権利を放棄させることはしたくない．

　そもそもこの選択に正解はあるのだろうか．正解がないのなら，自分の好むように各自が選択するのが一番である．自分が面白いと思った研究をすれば，おのずとトレードオフ関係にある評価軸のいずれを追求すべきかが決まってくる．筆者はそれで良い，それが良いと考えるのである．

5 むすびにかえて

　とんでもない駄文になってしまった．良い研究を行う方法，良い論文の書き方といったことについては，良書があるのでそちらを参照されたい．筆者がいいたかったことは以下のことである．せっかく，自分の好きなことをやる，創造的なことができる研究者になったのだから，他人がとやかくいうことなど気にせず，自分が面白いと思ったことをやらなかったら損だと思う．そのためには，何回リジェクトされようが，多くの人にダメだしされようが，折れない心をもつことである（ただし，同時に，その批判のなかから改良の方向を見出す努力は必要である）．自分の研究は面白いのだ，面白いかどうか判断する目を自分はもっているのだという自信をもつことが大事である．

　研究者は，研究をやるだけでなく，他人の研究を評価する側に回ることもある．その場合，多くの人に受けているからといって，それを鵜呑みにするのではなく，自分のセンスに照らして良い研究かどうかを見極める目をもつ

ことが肝要であろう（同時に，多くの人が評価しているのだからなんらかの良い点
があるはずなので，それを探す努力も怠らない）．逆に，つまらないと思われる
研究であっても，なにがその人に面白いと思わせたのか，研究の魅力を探す
広い心も必要である．

　良い研究とは，自分が面白いと思う研究である．良い研究をするために
は，面白いことを見つけ，評価する力，つまり審美眼を備えていなければな
らないし，自分はその審美眼を備えているという自信が良い研究をするため
には必要だ，というのが筆者のいいたいことである．

[注]
1）　テレビ番組と視聴率との関係については，2018年秋ドラマについて興味深い現象が報じ
　　られていた．確かに当該クールにおける視聴率トップ3は，安定的な視聴率を稼げる水戸
　　黄門タイプばかりであるが，視聴率7％以下のアンダーセブンの4作品に対しては，ネッ
　　トメディアなどで，「こんなに面白いのに見てない人はもったいない」など称賛の声が上
　　がっていたという（http://news.livedoor.com/article/detail/15612181/）．社会一般の人の
　　なかにも見る目をもっている人がいるということを示唆しているのかもしれない．

[参考文献]
Aksnes, D. W., Langfeldt, L., & Wouters, P. (2019). Citations, citation indicators, and re-
　　search quality: An overview of basic concepts and theories. *SAGE Open, 9*(1),
　　2158244019829575.
淺羽茂（1995）．『競争と協力の戦略―業界標準をめぐる企業行動―』有斐閣.
淺羽茂（2002）．『日本企業の競争原理―同質的行動の実証分析―』東洋経済新報社.
Asaba, S., & Lieberman, M. B. (2017). Who imitates whom?: A study on new product intro-
　　ductions in the Japanese non-alcoholic beverage industry. In T. Nakano (Ed.), *Japanese
　　management in evolution* (pp. 143-170). Routledge.
Barney, J. (1991). Firm resources and sustained competitive advantage. *Journal of manage-
　　ment, 17*(1), 99-120.
Colquitt, J. A., & Zapata-Phelan, C. P. (2007). Trends in theory building and theory testing:
　　A five-decade study of the Academy of Management Journal. *Academy of management
　　journal, 50*(6), 1281-1303.
Donaldson, L. (1995). *American anti-management theories of organization: A critique of par-
　　adigm proliferation.* Cambridge University Press.
Gulbrandsen, J. M. (2000). *Research quality and organisational factors: An investigation of*

the relationship. NTNU.

井上達彦（2014）．『ブラックスワンの経営学―通説をくつがえした世界最優秀ケーススタディ―』日経BP社．

Lamont, M.（2009）. *How professors think: Inside the curious world of academic judgment.* Harvard University Press.

Lieberman, M. B., & Asaba, S.（2006）. Why do firms imitate each other? *Academy of Management Review, 31*(2), 366-385.

Polanyi, M.（1962）. The republic of science: Its political and economic theory. *Minerva, 1,* 54-73.

佐藤郁哉（2017）．「英国における研究評価事業―制御不能の怪物（モンスター）か苦い良薬か？―」『情報の科学と技術』*67*(4)，164-170．

佐藤郁哉（2018）．「英国の研究評価事業」佐藤郁哉（編著）『50年目の「大学解体」20年後の「大学再生」―高等教育政策をめぐる知の貧困を越えて―』（pp. 223-306）．京都大学学術出版会．

Teece, D. J., Pisano, G., & Shuen, A.（1997）. Dynamic capabilities and strategic management. *Strategic Management Journal, 18*(7), 509-533.

Minoru Shimamoto

島本 実
一橋大学大学院 経営管理研究科 教授

一般化と反省の弁証法
未来の投稿者の皆さんへ

1

はじめに[1]

　皆さん，こんにちは．一橋大学の島本実です．今回は貴重な機会をいただきまして誠にありがとうございます．本稿では今後『組織科学』に投稿を予定している大学院生や若い研究者の皆さんに，学会誌に掲載される論文の条件は何か，読者にとって魅力ある論文とは何かということについて，私の考えを述べたいと思います．

　このセッションでの私が対象とする分野は，歴史研究を含む定性的研究であり，技術経営・イノベーション研究の近能善範先生，組織行動論・組織論の高木朋代先生と役割を分担しています．

　これまで私は『組織科学』のシニアエディター（SE）として橘川武郎先生，清水剛先生，高瀬武典先生と「組織の時間軸」（第46巻第3号，2013年），また福嶋路先生と「組織の危機」（第51巻第3号，2018年）の特集号を担当してきました．また大学院生に研究指導を行うドクトラル・コンソーシアムのオーガナイザーを2015年から3年間務めました．さらに組織学会以外でも他の複数の学会において編集委員やレフェリーの仕事を経験してきました．それらの経験に基づいて，SEやレフェリーの立場から，論文投稿の際に有益なヒントをお伝えします．

　SE に任命されると編集幹事などから定期的に担当依頼のメールが来ます．SE は投稿論文のテーマと内容を簡単にチェックして，その論文にコミットするかどうかを決定します．コミットすれば長い時間を使うことになるので，SE は多くの場合，コミットを宣言する際にはかなり慎重な姿勢になります．まず SE は，論文作法の完成度をざっと見て，投稿者のキャリア年齢（アカデミックな世界に入ってからの年数）や全般的力量を察知し，次に研究の目的と主張を正確に読み取ろうと努力し，さらにそれを実証するための対象や方法の選択が間違っていないかを確認します．これらの3点で問題がないと判断できれば，SE はこの論文に対して最もふさわしいレフェリーとして，その論文の投稿者と師弟関係や同門・同窓・同僚関係にない人物を2人選び，それらの方々に丁重な査読依頼メールを送ります．レフェリーが決まるといよいよ審査が始まります．

　しかしながら慎重にコミットしたはずの論文も，その後，いつも順調に行くとは限らず，レフェリーの先生からの厳しい指摘で暗礁に乗り上げたり，改訂を進めれば進めるほどかえっておかしくなっていったり，ついには絶望した投稿者と音信不通になったりすることもあります．そうした苦しいプロセスを乗り越え，掲載を勝ち取った論文によって『組織科学』は成り立っています．

　以下では，私が SE あるいはレフェリーに選ばれた際に，論文を評価するポイントとしている点について説明していきたいと思います．

論文投稿にあたって

　本稿の結論を先取りするなら，それは投稿の際のポイントが以下の6つのメッセージに集約されるということです．それらは，(1)論文作法で素人とばれる，(2)学問は皆で石を積む作業，(3)読み通せれば掲載される，(4)読者の視点で書く，(5)現実とモデルに橋をかける，(6)一般化と反省の弁証法，です．

今は何のことかわからなくても，最後までお読みいただければ全てのことが明らかになります．

1 作法について：論文作法で素人とばれる

SE あるいはレフェリーとして，私がいつも最初にチェックするポイントは論文作法です．これは特別なことではなく，例えば，日本語文法が間違っていないか，書籍のタイトルには二重カギ括弧がついているか（英語ならイタリック体になっているか），図表や脚注，参考文献の書き方が正しいか，図表込みで指定の字数を超えていないかなど，いわゆる論文執筆上，最も基本的な形式のことです．実はこれらのポイントによって，投稿者がまだ大学院生かどうか等についておよその見当がつきます．

日本語文法については，文章に明確な主語がある，主語・述語の呼応が正しい，修飾・被修飾語の関係が正しい，句読点の使用法が正しい等のことがポイントになります．本来，これらは文系の大学では学部1年生の段階で指導されるべきことですが，大学院生になってもまだ十分に身についていない場合があります．私の勤務校の一橋大学では，学部やMBAの新入生に対して授業でレポートを書かせ，それに対して教員が修正の朱筆を入れる指導を行っています．

論文の形式に関して，欧米（とくに米国）の大学では，入学直後の学生に文法や文章構成の教科書を提示し，執筆上のスタイルガイド（Chicago, APA, MLA等）に従うよう指導がされるケースが多いかと思います．一方で日本語においては，残念なことにそういったスタイルガイドが必ずしも統一されておらず，学生は刊行された書籍やジャーナル論文から，見よう見まねで執筆上のスタイルを学んでいるのが現状です．そうした中，『組織科学』では執筆要項が指定されていますので，投稿の前にそれを必ず参照し，指定通りかどうかをチェックすることは日本語論文の1つのスタイルを身につける上で有益です．

大学院での修業時代には，やはりまずは論文の作法の点については指導教

員の論文を黙ってまねてみることを強くお薦めします. 「学ぶ」とは「真似ぶ」ことから始まります. いったん研究者として素人からプロへの一歩を踏み出せば, これまでは客として他の研究がうまいだのまずいだのと生意気なことを言っていた者も, 自分の店で自分の責任で調理して客に食べてもらい, 評価を受けねばなりません. 博士号を運転免許証にたとえるなら, 取得前には指導教員が, 助手席から指導してくれるのですから, ありがたいことです. 独り立ちした後, 事故を起こせば100%自分の責任になります. 修行期間中には一見つまらないルールのように思えても, 指導教員の言うことを素直に聞いて, 論文作法を確実に修得することがプロの研究者への最初の一歩です.

ここで一句, 「素人とプロとを分ける作法かな」.

2 先行研究レビューについて：学問は皆で石を積む作業

オリジナリティが大事だと言っても, それは最低限, 読者にきちんと理解されるものでなければなりません. 投稿者本人は, この論文で新しい事実を発見した, あるいは新しい学説を提案したと感じていることがあるかもしれませんが, それが本当に学界に対してオリジナルなものなのか, それとも単なる不勉強な独りよがりであるのかについては, 論文を投稿する前に十分に自分で確かめておかなければなりません.

そのために必要な作業となるものが, 先行研究のレビューです. 論文では通常, 冒頭でその論文の扱う問題に関する先行研究を複数紹介し, それらが到達した結論や, まだ残している課題を明らかにします. その作業を通じて, 投稿者は自分の研究の立ち位置や問題設定を明確にします.

学問の世界において, 先行研究はその分野の先行者たちがその水準まで到達したという証であり, その上に新たな石を積むことが, その後を追いかける研究者に期待されていることです. その意味で, 研究とは先行研究という石の上に自分の石を置くことに譬えることができます. レビューが不完全な論文は, 土台となる石がない空中に, いきなり新たな石を置こうとするよう

なものです.

　先行研究は無数にあり，何を参照したらよいのかわからないと思う人もいるかもしれません．そうした際，私はなるべく巨人の肩に乗るように，すなわち社会科学において定評のある古典的なものからレビューをたどることをお勧めしています．何を信じたらよいかわからない際には，新興宗教より伝統的な教えの方が安心です．最先端の自然科学研究とは異なり，社会科学では最新の論文の方が進んでいるという保証はなく，古典的な研究は，思想体系の礎石として時を超えて繰返し参照されます．その点で古典からの問題の足跡をたどって自分の論文の問題意識を位置づけることが，その学問分野に通じた見識ある読者の納得性を高めます．ただし流行中のトピックでホットな議論が続いている場合には，その分野の最先端の先行研究を積極的に引用することはもちろん必要です.

　また引用する先行研究の量については，少なすぎず，多すぎずという頃合をそのジャーナルに掲載された論文の平均的な量から判断してください．少なすぎれば先人を軽視していることになりますが，あまりに多いと研究者自身の知的誠実さが疑われることもあります．とくに関係が薄い（関係のない）論文が数多くレビューにお化粧のごとく挙がっていると，かえってその論文の評価を下げることにもなりかねません.

　以上，学問は皆で石を積む共同作業であり，新たな論文は，先人の業績の上に加えられるべき新しい石なのです.

　ここで一句，「空中に石を積んではいけません」.

3　主張について：読み通せれば掲載される

　SE やレフェリーにとって，まずは審査対象の論文が最後まで読み通せるかは判断基準として非常に重要です．何を当たり前のことを言っているのか，と思われるかもしれませんが，私は掲載の是非は最初の投稿の段階で最後までとりあえず読み通すことができ，主張が理解できるかどうかでほとんどが決まると考えています．逆に言えば，提出される多くの論文は，最初の

段階では読み通すことさえ難しいものも多いことが実情です．なぜこのようなことになるのでしょう．

　投稿者自らが自分のメッセージがわかっていない場合は論外にしても，わかっていてもそれを明確に断言することを躊躇している場合，はっきりさせることで受けかねない批判を避けたいと考えている場合があります．投稿者がわかっていない，あるいは明言を避けているようなことを，読者が読みとれるはずもありません．論文は「論」の「文」であり，読者に論者の主張がわからないならば，何の価値もありません．とくによくある誤解は，何か事実を一生懸命に調べ，何か新しいことを書けばそれが研究になるというものです．つまらないことをいくら書いてもつまらないのであって，そこに諸事実を統一的に説明する視点があってこそ，論文は意味をもちます．私の指導教員として長年ご指導くださいました米倉誠一郎先生は，大学院時代の私に経営史における記述について以下のようにおっしゃいました．

　『24時間の男』というドキュメンタリー映画がある．そこでは男が起きてから寝るまでの全ての映像が24時間記録してある．それを観客が同じ時間の尺で見たらどうなるか，考えてみろ．映画の中で男が歯を磨き始める．3分，5分，まだ磨いている．客はうんざりしてしまう．映画というのは切り取られて意味付けがされているので観客は楽しむことができる．単に緻密に記述されただけの事実は，この『24時間の男』と同じだ．

　定性的な組織論や経営史ではいわゆる厚い記述が尊重されるとは言え，その場合でも単に事実を細かく書けばよいのではなく，そこには諸事実を統一的に説明する何らかのフレームワークがなければなりません．それに従って事実は取捨選択され，そこから最終的な主張が裏付けられます．事例研究において「事例に語らせる」，あるいは「読み手に感じてもらう」等の表現は全て，投稿者自身が自信をもって主張できる結論を見つけていないことの言い訳に過ぎません．論文は，最終的には1つの主張のために書かれています．もし関連がない複数の主張があるなら，それは切り分けて複数の論文にすべきです．

読者は一般に必ずしもその論文を読む義理もなく，忍耐力もないのですから，論文を面白いかもと感じて読み進めてもらうためには，まずは投稿者の主張が，序盤の段階で旗幟鮮明に歯切れよく読者に伝わっていることが有効です．論文だけでなく学会発表でも，主張がわかりにくいものは，結論となる主張を，聴衆に最初にはっきり伝えていないことから生じています．論文でも発表でも一番大事なことから伝えれば，読者や聴衆はそれを理解しようとして続きを読んだり聞いたりしてくれます．

　ここで一句，「論文は読み通せるなら大丈夫」．

4　構造について：読者の視点で書く

　論文においては，前項で説明したように最終的な主張が必要ですが，通常それを裏付けるためには下位の主張が複数置かれており，それらに対してそれぞれ証拠となる事実が紐付いているというツリー構造があります．それら全てが一体となって最終的主張を支えています．論文全体で1つのメッセージ，節でそれぞれメッセージ，項でそれぞれメッセージがあり，それらが証拠によって裏付けられている樹形図が背後に存在していることが構造としては理想です（図1）．

　しかしながら，投稿者にとってはこうした構造は明解なつもりなのです

図1　論（メッセージ）と証拠の樹形図

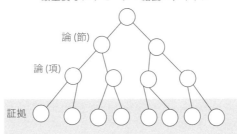

が，初めて読む読者は投稿者ほど最初からそれが見えているはずもありません．段落間の論理のつながりが不明瞭な場合には，読者はなぜここで唐突にこんな話が出てくるのかと困惑することになるでしょう．読者はある程度は構造を文脈から推測しますが，何のために書かれているのかに戸惑うことが多ければ，そのうち話を追う気力を失ってしまいます．

　そうした読者の苦労を軽減するためには，論文の要所要所に，道路標識を置いておくことが有効です．投稿者が，最初からこれを話すぞと宣言してから話を始めれば，読者はそういった構えで読むことができます．標識とは具体的には，「重要な点は以下の３点に要約できる」「本論文の結論を先取りすれば……」「最後に本論文の主張を繰り返しておきたい」といった定型フレーズのことです．実はこんな簡単なことだけでも，読者の苦痛を大幅に軽減します．

　常に読者の視点に立って書くことが重要だという原則は，学会報告などの際にも同じです．米倉先生は，私の修業時代，わかりにくい発表に対して，「聴衆を目隠しをしたまま連れ回してはいけない」と厳しい注意を与え，プレゼンテーションの極意を以下のように表現されました．

　　プレゼンの極意
　　　⑴まず今から何を言おうとしているのかを言え
　　　⑵言っている最中には，今，言っていることは何なのかを言え
　　　⑶言い終わった後には，今，言ったことが何であったかを言え

　プレゼンテーションにおいても，何が重要な情報なのかを示すために，今から重要なことが語られるというサインをその都度，報告中に示唆することは，道路標識として役立ちます．聴衆は報告者自身のように，そこで語られる内容の全体構成を前もって知っているわけではないからです．また適切な道路標識をきちんと置くことができるということは，投稿者が論文の各段落や，報告の各パートで何を主張したいのかをはっきりと自覚していることと

つながっています.

　事例のストーリーが複雑な場合でも，登場人物の誰の目で話をしているのかを投稿者がいつも自覚していれば，全体をわかりやすく伝えることができます．読みやすい事例研究は，よい小説と同じく，主人公，主要登場人物とそのキャラクターや意図が明確で，物語にクライマックスがあり，そこから得られる教訓も明快といった特徴があります．原則は，いつも読者の視点を想定しつつ書くことです.

　ここで一句，「書き手ほど，読み手がわかるはずもなし」.

5　科学について：現実とモデルに橋をかける

　これまではいかに読者に主張を伝えるかという話でした．ここから先は社会科学の方法の問題について少しだけ論じます.

　社会科学の研究とは，いわば現実の社会現象に対して，小さな模型（モデル）を作ることに似ています．すぐれたモデルは現実を簡略化したものでありながら，何らかの有意味な特徴を的確に捉えており，そうであるがゆえに経営や政策の目的達成のために役立ちます．モデルを作る際には，現実を観察することで帰納的にそれに対応するモデルを作る方向（観察帰納法）と，何らかの自明視された前提となる命題（あるいは正しさが認められた先行研究の結論）から論理を演繹するかたちでモデルを作る方法（仮説演繹法）があり，私たちはそれらを併用しつつ，社会科学の営みを行っています．しかし，ときに両岸から別々の橋をかけようとして，真ん中で橋がつながっていない論文が散見されることがあります．それはすなわち，そのモデルが本当にその現実を説明しているのかという根本的な点に不安を残した論文です.

　モデルと現実の不一致は，投稿者が最初にこれと決めたモデルで現実を調べていった結果，実は現実がそのモデルではうまく説明ができないことに薄々気づきつつも，論文を書き終えてしまうといった場合に起こります．また反対に，現実をいろいろ見すぎてしまった結果，事実に詳しくなりすぎて自分でもどう説明すれば面白いのかわからないまま論文を書き終えた際にも

起こりがちです.

　どちらの場合もいったん橋をかけ違うと，話のつじつまを合わせるために，不都合な現実から目を背けるか，モデルをいいかげんに使うなど，いろいろと不誠実なことをしたくなる誘惑が生じてきます．こうした状態になってしまう理由には，やはり多くの場合，論文の基本設計そのものに誤りがあることが多く，投稿者もそのことに薄々気づいて苦痛を感じていることも多いように思います．こうした場合，SEやレフェリーも，対策に大いに悩むことになります．

　これを避ける手だてとしては，自分が書いているものが，(1)演繹された正しいモデルの信憑性を高めるために事例を示している論文か，(2)事例からモデルを帰納的に導き出している論文か，どちらかをはっきり認識することが必要です．この点に混乱がある論文がしばしば見られます．

　前者の場合，モデルが正しい根拠はレビューのパートでの演繹作業が正しいことにあり，事例研究は，それが机上の空論でないことを示して信憑性を高めるための1つの例示に過ぎません．にもかかわらず，そのモデルが正しい理由を，後付けで，事例で発見された事実に基づいて主張すれば，トートロジーになってしまいます．リンゴが落ちるのは引力があるからだと言っておいて，引力があるのはリンゴが落ちるからだと言うようなものです．

　一方，後者の場合，1つの事例で発見されたことを，不用意に一般化してはいけません．それが一般化できるかどうかは，この1つの事例研究からでは導き出せません．あなたがいくら納豆を好きであっても，その事実から世の中の全ての人が納豆を好きかどうかは全くわかりません．

　科学とは現実を見て，その構造を整合性あるモデルに写し取る営みであり，モデルが正しければ，私たちがそれに基づいて現実を理解したり，予測したりすることを可能にします．現実とモデルの対応がそもそも間違っていれば，いくら論文らしいものが書けていても，それは世の中を間違いに導く有害なものになってしまうでしょう．

　ここで一句，「現実とモデルの橋をかけ違う」．

　現実をモデルに写し取る場合，そのモデルそのものが，私たちの常識に照らし合わせて当たり前のものならば，その学術的価値も低いものでしょう．経営者や実務家はその程度のことは，わざわざ研究者に教えてもらわなくてもすでに知っていると言うでしょう．もちろん当たり前のことが，きちんと事実ベースで示されることにも一定の意味はありますが，やはり直感に反する，常識に反する結果が出てこそ，経営学研究の意義は際だちます．そうしたとき私たちは定性的研究や事例研究で，どういった現実の例に注目すればよいのでしょう．

　例えば，あなたが異性にもてたいと考えたとしましょう．その場合に，「もてる男（女）の条件は何か」という問いを立て，その条件が明らかになれば，その条件を満たすことで，あなたはもてることができるでしょう．おそらく，この例なら，男であればイケメンである，スポーツ万能，お金持ち等々の要素は，一般論としてもてるために重要な条件でしょう．アンケートなどを用いて大量観察を行えば，当然のようにそういった結果が出ることでしょう．しかしそれがわかったところで，イケメンでもなく，スポーツも苦手で，お金もない私は，どうしたらよいというのでしょう．

　平凡なことをいくら見たところで，平凡なことがわかるだけです．大量観察の意義は，多くの平凡な関係の中に隠れた数少ない知られざる直感・常識に反する関係を発見することにあります．一方，定性的研究・事例研究の威力は，そうした一般的条件を知ることにではなく，めったにない例外に注目する際に発揮されます．何らかの意味で普通でない逸脱事例こそ，何らかのイノベーションが世の中に体現されたものであり，私たちが真に注目すべきものだということになります．それは例えば，私と同じように条件的には全く恵まれないはずなのに，「なぜこんな男がもてるのか」と驚くような逸脱事例への注目です．

　誰もが驚く逸脱事例に直面するとき，そこには解明されるべき謎があるは

図2　　一般化と反省の弁証法

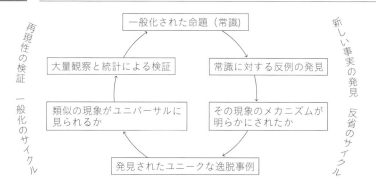

ずです．そもそもその事例に，直感や常識に反する不思議さを感じるからこそ，皆は驚くのです．その謎が事例研究によって解かれることで，従来注目されてこなかった新たな変数や，複数の変数の組み合わせ，さらにはそれらを生み出す行為システムの相互作用や時間展開のダイナミズムが見えてきます．この「もてる男」は，私たちが当たり前と思っている直感や常識を超え，第三者の行動や時間の流れを読み込んだ手など，もっと複雑なメカニズムを活用して，世の普通の人には気づかれにくい方法で，異性を惹きつけているのです．私たちはそこから新しい教えを学ぶことができます．多くの名作ケーススタディは，そういった示唆にあふれています．

　このことが重要な理由はもう1つあります．科学の大前提は，モデルが現実に影響を与えないことです．しかしながら社会科学では，反省して振る舞いを変える人間が構成単位であるがゆえに，発見されたモデルが皆に知られてしまうと，それが人々の行為に影響を与えることによって，社会現象そのものが変化してしまうということが起こります．そうした変化が起きることを前提とするならば，私たちが経営を行う際に，変化しない（しにくい）一般的条件を見つけるよりも，時間経過を伴う複数主体間の行為の相互作用のプロセスを理解し，ライバルが思いつかないような独自の戦略を構想するこ

との方が重要になります。このことは，私の大学院時代に副指導教員として
ご指導くださいました沼上幹先生に教えていただいたことです。

　世の中にそうはたくさんない成功は，多くの場合，単一の変数だけによっ
て生じるのではありません。社会現象には，多段階の因果関係や，複数主体
間の相互作用，驚きに満ちたリソースの新結合などがあふれています。その
豊潤な歴史的事実の集積から，経営における意図せざる結果や新しいインプ
リケーションを見つけ出すことが，歴史研究を含む定性的研究，単一事例研
究の醍醐味と言えるでしょう（図2）。

　ここで一句，「一般化，裏切る事例そこにあり」。

おわりに

　以上，6つの例を挙げながら，若い研究者の皆さんにもしかしたら役立つ
かもしれないことを書かせていただきました。最後までお付き合いいただき
ありがとうございました。

　修業時代は，大学院でのデリケートな人間関係に悩んだり，ささいな迷い
が自信喪失を引き起こし，スランプに陥ったりすることがあるかもしれませ
ん。優秀な友人は次々と成果を上げているようにも見え，焦りと不安で心が
落ちつかないこともあろうかと思います。

　近年，大学院生に要求される業績水準が非常に高くなり，学術雑誌も学会
発表においても，ともかく修業年限期間内に，冒険をせず，型どおりに無難
に論文を書いて，ともかく掲載されれば勝ち，それでよいではないかという
考え方の人も増えているかもしれません。ここでは論文は，就職や昇進のた
めに要請される形式的手段にすぎないということになります。

　しかし学会誌や学会大会における学術研究の意味は，そもそも個人の出世
のためにあるものではなく，私はそれを1つの芸術作品を作り出す活動であ
ると考えています。そのために多くの研究者が個人の時間を捻出し，公共基

盤として，社会の共通善のために，SE やレフェリーの仕事をしています．
社会に有益な新しい驚きを生み出すことこそが，私たちの務めなのです．

　そうしたことをふまえ，最後に私のモットーを申し添えることをお許しい
ただきたく思います．

　「面白くなくて何が論文か！」

[注]
1）　本章は，小樽商科大学で開催された2019年度組織学会年次大会における筆者の報告に基
　づいたものです．

[参考文献]

Adorno, T. W. et al. (1969). *Der Positivismusstreit in der deutschen Soziologie.* Luchterhand
　（城塚登・浜井修・遠藤克彦訳『社会科学の論理—ドイツ社会学における実証主義論争—』
　河出書房新社，1979）．

Habermas, J. (1970). *Zur Logik der Sozialwissenschaften.* Suhrkamp（清水多吉・波平恒男・
　木前利秋・西阪仰訳『社会科学の論理によせて』国文社，1991）．

沼上幹（2001）．『行為の経営学—経営学における意図せざる結果の探究—』白桃書房．

米倉誠一郎（1997）．「イノベーション研究宣言—経営史学におけるイノベーション研究—」
　『一橋ビジネスレビュー』*45*(1)，121-128.

米倉誠一郎（1998）．「経営史学の方法論—逸脱・不規則性・主観性—」『一橋論叢』*120*(5)，
　678-692.

Yaichi Aoshima

青島矢一
一橋大学 イノベーション研究センター 教授

質の高い研究論文の
4つの側面と研究者の選択

はじめに

　本エッセーでは，私が日頃，どのような基準で研究論文の「質の高さ」を判断しているのか振り返って整理してみたいと思います．以下で述べるように，論文の質を判断する基準は複数あり，あらゆる基準で質の高い論文を仕上げるというのは至難の業です．それゆえ研究者は，どの基準を重視して質を追求するのかという選択を迫られることになります．後半では，この選択を私がどのように考えているのかを述べたいと思います．

　以下で述べることは，私の個人的見解であって，必ずしも一般的に通用すると考えてはいません．特に，研究の主要な発表の場である国内外の査読雑誌が重視する基準とは異なるところもあるので（もちろん共通する部分は多いですが），あくまでも 1 つの考え方として捉えていただければと思います．

質の高さの4つの側面

　論文の質の高さを，私は，「正しさ」「深さ」「新しさ」「広がり」の4つの側面から判断しています．

1 正しさ

　第1は「正しさ」です．それは，研究上の問いに答える一連のプロセスに，欠陥や間違い，もしくは，嘘がないことを意味します．製品に置き換えていうなら機能上の欠陥や故障のない状態です．ここで「正しさ」という言葉は，あくまでも，間違いや欠陥がないことを示すもので，社会的公正性のような価値を含意するものではありません．「抜けのなさ」とか「十全さ」といった方がわかりやすいかもしれません．

　実証論文では，通常，研究上の問いがあり，それに対して仮説が導出され，続いて仮説の正しさを示す検証プロセスがあり，最後に結果の解釈が行われます．この一連の流れにおいて，間違いや欠陥がなく，問いに対する回答としての結論が十分な納得性，説得性をもっているかどうかが，研究論文の正しさを左右します．少し分解するなら，(1)問いに対する仮説の導出プロセスに論理的な破綻がないこと，(2)仮説の検証プロセスが妥当であること，(3)結果に対する解釈に論理的な破綻がないことの3つが正しさの判断基準となります．

　この「正しさ」という点で，研究者は，一般人との能力の違いを最もわかりやすく示すことができます．社会科学の研究は，そもそも，一般人が日常的に「知る」という行為と多くの点で重なっています．わたしたちは，日々生活する中で，「なぜ」という疑問を抱き，それに対して自分なりの仮説をもって，目の前で起きていることを解釈しています．たとえば，流行っていたお店が潰れてしまうのをみて「なぜ」と考え，「他の店との競争で値段を安くしすぎたからかな」と考えるといった具合です．

　このように，自然科学と異なり社会科学では，日常では見聞きできないような現象を扱ったり，特殊な実験装置を使いこなしたりといったことがほとんどないので，研究のプロと素人との間の線引きが曖昧になります．しかし，論文の「正しさ」という点で，両者は明確に異なります．研究者は，正しい論文を書くための体系的な教育を受けています．特に，仮説の検証プロ

セスについては，因果関係を特定するための体系的な方法が日々進歩しています．そうした手法は，自然科学における実験装置・プロセスのようなもので，プロの研究者が素人との違いを最も明確に示しやすい領域だといえます．

2 深さ

　第2の側面は「深さ」です．深さという言葉には，2つの意味があります．1つは，因果メカニズムをどこまで深く追求しているのか，もう1つは，現象をどこまで深く把握しているのかという意味です．この「深さ」は，本来「正しさ」を向上させる要因ですが，実際の研究の場では，正しさと深さの選択が問題となることがあるので，あえて分けておきたいと思います．

　実証論文においては，単にデータ上の変数間の関係性を示すのではなく，なぜ，どのようなメカニズムによってそのような関係が観察されるのか，変数間の関係の間にはどのような隠れた因果連鎖が含まれているのかといったことを十分に議論している，もしくは，そのメカニズムにまで踏み込んで検証プロセスを組み立てているような論文は「深い」といえます．

　また，その因果連鎖を，抽象レベルで議論するだけでなく，それが「具体的」にどのように作用しているのかを，現象が生じる現場に入り込んで深く観察した上で現実感のある解釈を展開している研究も深い論文だと思います．

　たとえば，市場志向性がイノベーションを促進するという仮説を検証する論文であれば，市場志向性とイノベーションの程度を測定して両者に何らかの関係があることを統計的に示すことになります．その際，「市場志向性が高い企業ほど，顧客とのやりとりが頻繁になり，結果として自社内では気づかないような新規のアイデアを顧客から獲得できる」というメカニズムを考えるのであれば，次に，顧客とのやりとりの頻度を含めた分析を行うことによって，研究は深まっていきます．また，市場志向性が高い企業において，実際に，自分の技術の市場化を強く意識する技術者が，顧客とのやりとりか

らアイデアを得てイノベーションを実現したといった具体的な事例の詳細な分析が加われば，研究はさらに深まるといった具合です．

　もちろん，想定される因果連鎖の全体を1つの論文の中で検証することはできませんが，少なくとも因果メカニズムを十分に議論し，部分的には検証プロセスにのせ，深い現象の理解に基づく解釈を展開することが実証論文の深さにつながると思います．

3　新しさ

　研究論文の質を左右する第3の側面は「新しさ」です．実証論文において特に重視される新しさは仮説の新しさです．設定された研究上の問いに対して，従来はなかったような説明を展開しているかどうかということです．新しさには，仮説の新しさ以外にも，測定方法や検証方法が新しいという場合もあります．それも質の高い論文といえます．

　私は，学生時代の指導教員である榊原先生に「常識的な回答の真反対の仮説を考えてみろ」といったことをいわれたのを覚えています．ほとんどの場合，それはナンセンスな仮説となるのですが，時に，「もしかすると，ありえるかも…」と思えるようなことがあり，それがおもしろい仮説につながるのだと教えられました．それ以来，労働の流動化が重要だといわれれば，その逆機能に注目したり，世間がオープンイノベーションだと騒げば，むしろ腰を据えた内部開発の良さを探ったりと考える癖がついたように思います．

　世間の常識，マスコミが広める一般的な言説，学会で主流となっている理論命題などがはっきりと存在しており，それらと明らかに矛盾するような仮説を提示することができれば，新しさを示すことは容易です．しかし，そのような幸運に恵まれることは極めて稀です．誰もが新しいと思えるような仮説にそう簡単には巡り会うことはできません．

　「正しさ」に比べると，「新しさ」という評価基準には，主観が入り込む余地が大きいといえます．何に対する新規性なのかは，判断する人やコミュニティによって異なることが多いからです．私は，学生の時に産業組織論を基

盤とした戦略論や，社会学を基盤とした組織生態論に触れて，目を開かれた
ことを覚えています．学部の頃から企業内部に焦点をあてて経営学を勉強し
てきた私にとって，企業業績の多くの部分が，個々の企業の内的努力ではな
く，企業を取り巻く構造・環境要因によって決まってくるという仮説は非常
に斬新に映りました．しかしこれは，私がミクロの企業現象に注目していた
からなのであって，社会学や経済学を勉強していれば，むしろ当たり前のこ
とと受け止めたかもしれません．逆に，リソースベーストビュー，コアコン
ピタンス，ダイナミック・ケイパビリティといった論文が登場したときに
は，あまり新しさを感じませんでしたし，それらの概念や仮説の面白さもよ
く理解できませんでした．企業のもつ独自の資源や学習能力が競争優位の源
泉であるというのは，企業を対象に研究していると，むしろ常識的な考え方
だったからです．

　新しさの判断は，このように，誰にとっても自明だというものではなく，
人によって異なる場合が少なくありません．それゆえ，新しさを確実に「獲
得」するためには，その新しさを理解できる研究コミュニティを選択し，仮
想敵としての既存研究を明確にした上で，違いを丁寧に説明するといった作
業が必要になってきます．

4　広がり

　質の高さを左右する第4の側面は「広がり」です．それは論文のもつ「意
義」や「影響力」と言い換えることができます．論文のテーマそのものに関
係する「質」の側面です．

　「広がり」には理論的広がりと実践的広がりがあります．理論的広がりと
は，論文が与える理論的示唆の大きさで，幅広い現象に適用可能な抽象命題
を示唆する程度ということができます．たとえ同じように限定的な現象を
扱った論文であっても，それが大きな理論命題につながる可能性をもつか否
かによって，理論的広がりは異なってきます．一方，実践的広がりは，論文
が実践に対して有益な示唆を与える程度です．それがどのくらい実践に「役

に立つ」知見を提供できるのかということです.

　たとえば，私が米国に留学していた90年代前半に読んだ Ulrich（1995）[1] の製品アーキテクチャに関するワーキングペーパーと Langlois & Robertson（1995）のモジュラーシステムに関する論文は，当時，こうした理論的広がりを強く感じた論文でした．概念的にはハーバード・サイモンのシステム論に源流がありますが，汎用的なインターフェースルールで緩やかに結合された複数モジュールから構成されるシステムという考え方は，製品だけでなく組織や社会を含む，システムとしての性質をもつあらゆる人工物に適用可能な概念で，それが，産業発展や企業競争力を説明する強力な理論概念となりえることを直感しました．また，モジュールという単位でモノを考えることによって，旧来の製品や組織，産業の境界自体を柔軟に捉えるという思考も，それは示唆していました.

　実際に，現在の産業を支配するプラットフォームビジネスや，それを中心とした産業エコシステムという概念の元には，モジュラーシステムの考え方があります．つまり，製品アーキテクチャやモジュール化の研究は，それだけの理論的広がり（同時に実践的広がりも）をもっていたわけです.

　一方，実践的広がりは，時代によっても，評価するコミュニティによっても変化するものです．たとえば近年は，社会の持続可能性が課題としてSDGs に世間の注目が集まっているため，企業の社会的責任やガバナンスに関する研究の実践的広がりは，かつてよりも大きくなっていると考えられます．厳しい環境規制はむしろ企業の技術革新を刺激し，国際競争力の向上につながるのだという仮説で有名となった Porter（1991）の論文は，環境対策の必要性と経済発展との矛盾をどう解いたら良いのかと多くの人々が悩んでいるときだったからこそ強い影響力をもったわけです．直近であれば，COVID-19感染拡大に起因する働き方改革に関する研究などは，実践的な広がりが大きい研究になりうると思います.

3

研究者の選択

　質の高い論文を生むには,「正しさ」「深さ」「新しさ」「広がり」を追求すれば良いのですが, 4つ全てを高次元で達成するのは簡単なことではありません. それは, これら4つの間に,「あちらが立てば, こちらが立たず」という矛盾した関係が含まれているからです.

　たとえば, 理論的「広がり」を追求すると, それを十分に検証するだけの客観的なデータを集められず「正しさ」が犠牲になる可能性があります. 実践的「広がり」を追求する場合も, 必要となるリアルタイムのデータを十分には収集できない可能性があります. たとえば企業が, ウィズコロナでの働き方改革の方向性を示してくれるような研究を求めていたとしても, 様々な働き方改革の成果や結果を収集して「正しい」論文を生むには, 時間が必要であるし, その頃には既に社会における研究の必要性は低下しているかもしれません.

　「正しさ」を追求する中においても矛盾は存在します. 仮説検証で検討される代表的な妥当性には, 内的妥当性, 外的妥当性, 構成概念妥当性がありますが, 内的妥当性 (因果関係の特定) を重視すると (たとえば, パネルデータをつくるなど), 利用可能なデータが財務データや特許データなどに限られ, 本来意図した概念を正確に反映できず, 構成概念妥当性が犠牲になる可能性があります. データの範囲が限定されることは外的妥当性にも影響を与えます.

　こうしたトレードオフは研究者の時間的資源が限られていることからも生じます.「深さ」を追求して, 企業に深く入り込んだ事例研究を行うには長い年月が必要になります. 他方で, 大量データを厳密に検証する作業も労力のかかる作業です. 両方できる馬力があれば良いのですが, あぶはち取らずにならないためにも, 一定の選択と割り切りは必要になります.

　それでは4つの側面に対してどのような優先順位を与え, 論文の質を追求

すればよいのでしょうか．これに対する究極的な答えは「個人のお好きなように」となるのですが，それは，飽くまでも，研究者として社会に期待され，職業人として研究を行っているという事実を踏まえた上でのことになるはずです．

1　職業人として必要なこと

　社会の人々が，研究者の論文を参考にするのは，そこで述べられていることが，専門的で体系的なプロセスを経て導き出された結論であり，信用に足ると考えているからです．そこが，今ここで私が書いているようなエッセーや雑文とは異なる点です．「正しさ」を追求するのは，研究者としての責務であり，質の高い論文にとっての必須の条件です．仮説を導き出す論理プロセスを慎重に検討し，瑕疵のない検証プロセスを経て，飛躍のない謙虚な解釈を心がけるということを，研究者は常に心がけなければなりません．これはベースラインだと思います．

　次に，私を含めてほとんどの研究者は，職業として対価を受けているので，相応の成果を出さなければなりません．教育部分は差し引いたとしても，研究をもとに論文や本を書いて広く発表することは職業人としての義務です．また自分の書いたものが本当に信用できることを示すために，査読付きのジャーナルへ論文を掲載することも必要なことです．これは，大学などの研究組織が強く求めている成果であり，給与をいただく以上，それにはこたえなければなりません．

　そうなると，いわゆるジャーナルの査読者が論文の質をどのように評価するのかということが気になってきます．私自身は，海外ジャーナルを活動の中心に置いてこなかったので，正確なことはわかりませんが，これまでの少ない経験と合理的な推察を交えるなら，おそらく次のようなことがいえると思います．

　ジャーナル論文が発展する過程では，査読の公平性が重要になってきます．「俺の弟子だから載せる」などとはいえないわけで，掲載の判断は，皆

が納得するような基準に基づいて行われるようになるはずです．多様な国から様々な人が投稿してくる海外ジャーナルであればなおさら（少なくとも表面的には）統一的で，可能な限り客観的な基準を設ける方向に進むと推察されます．

上述した4つの側面の中では，正しさが最も客観的に評価しやすいので，この側面についての質は相当厳しく問われるはずです．論理展開の間違いは客観的に指摘できますし，仮説の検証プロセスでは広く認められた統計的な基準が設けられています．

仮説の検証プロセスでは，相対的に客観的な基準からの評価が可能な内的妥当性への対処が進んできたと思います．私が学生だった30年前には，単純な相関やOLS回帰分析が主流でしたが，今では，データ構造に合わせて適切な回帰モデルを使うことが当然のようになりましたし，内生性もしくは疑似相関への対処（たとえば，傾向スコアマッチングや操作変数法など）は厳しく求められます．

一方，「正しさ」に比べて「新しさ」の評価には主観が入り込みやすく，誰もが納得する基準を設けることは難しいと思います．そこで，新しさを示すには，評価する集団・コミュニティを限定し（つまり，既存研究の流れの中に位置づけ），次に，論文の仮想敵を明確にして（つまり，新しさを主張するための対象を選定して），それとの比較で新しさを確実に示すという方法が必要となります．

「広がり」も「新しさ」同様に，基準の客観性を担保することが難しい側面ですが，理論的広がりを確実に示す方法として，既存理論に自分の論文を紐づけるという方法がとられます．ジャーナル論文では必ず理論的位置づけを求められると思いますが，既存理論の肩を借りることによって，少なくとも，何らかの理論的な含意がある（広がりがある）ことを確実に示すことができるわけです．

2 　個人の選択領域

　上記の，研究者としてのベースラインと職業人としての義務を踏まえた上で，自分がどのように論文の質を追求するのかという選択になります．

　国際学会やジャーナルで勝負するには，広く学術コミュニティが認める，もしくは正当化された「正しさ」「新しさ」「広がり」を追求する必要があります．目的がそこにあるのですから当然です．

　他方，私はどのように考えているのかと振り返ってみると，おそらく，「学術コミュニティで認められる正しさ，新しさ，広がり」に影響をうけつつ，「自分が認める正しさ，新しさ，広がり」を探り，その基準に基づいて論文の質を判断しています（と思われます）．実際のところ両者はかなりの程度オーバーラップしているのですが，多少違う点があります．私は，常に「嘘がなく，おもしろく，役に立つ」研究をしたいと思っており，そのために，多少自分好みに，論文の質の基準の重みづけを修正しているといえるかもしれません．

　まずは，「正しさ」の追求における構成概念妥当性へのこだわりです．仮説の検証プロセスでは，3つの妥当性（内的，外的，構成概念）の内，内的妥当性の改善に多くの注意が向けられてきた傾向があると思います．様々な推計手法の発展は主に内的妥当性に関わっています．しかし，私が扱うようなデータの場合，そもそものデータに含まれるノイズが大きいので，推計段階でいくら厳密な手法を駆使しても，改善される正しさの程度はあまり大きくないのではと感じています．それが論文の正しさを前進させる上で必要であるということは理解しつつも，そこに優秀な研究者の膨大な時間を割かれることは，学術コミュニティ全体の生産性からみて決して得策ではないとも思っています．

　むしろ重要なのはデータが生成される過程です．それを理解しないとデータが意味することを正確にとらえずに間違った解釈につながる危険性があります．ですから，構成概念妥当性の方にもっと気をつける必要があると思っ

ています.

　たとえ政府統計であっても，元をたどれば，誰か特定の人が質問に答える
形で入力されているのであり，その人がどのように解釈して答えているのか
ということまで，調査はできないまでも，十分な推察をして研究結果を解釈
する必要があります．GDPのような客観的と思われる経済指標でさえ，そ
の意味を深く考えることが重要です．たとえば，フラッシュメモリが1GB
から4GBになり，名目の価格と数量が同じであった場合，実質化すればそ
の間の成長率は400%ということになりますが，それで本来意図した成長を
測定できているのかなど，データの意味はいろいろと考えるべきことがあり
ます．私は，「嘘がない」「質の高い」研究をする上で，こうした測定指標の
解釈の問題に特に注目するようにしています.

　2つめは「深さ」の重視です．深さを客観的に評価することは難しいので
すが，自分で納得がいくまで因果メカニズムを考えて，できる限り現場に
行って実際に起きていることを見聞きして確かめるように心がけます．もち
ろん自分で見聞きすることにも様々なバイアスがあります．それでも，特に
統計的な分析をする場合には，その結果に嘘がないことを自分自身が納得す
るために必要なことだと思っています．統計分析をしていると，（特にアン
ケートのようなノイズの多いデータだと）データの加工方法や分析モデルを変更
するだけで，結果が大きく変わってしまうことがあります．それでも期待し
た結果がでる（だせる）ことはありますが，最後は「嘘をついていない」と
いう自信が必要であり，それは例えば有意水準のような統計的な指標では得
られないので，私にとっては，深い質的情報が必要となります.

　最後は，新しさと広がりの直感的な判断と既存研究のバランスよい参照で
す．新しさと広がりを他人に説得するには，比較対象としての既存研究や理
論的準拠点を明確にしなければなりません．しかし最初から既存研究を詳細
におさえて，その中に自分の研究を位置づけて，差別性を探るということを
行うと，私の場合，新しさや広がりを追求する思考の幅を狭めてしまうよう
に思います．あまりに知ってしまうと，何を考えてもつまらなく思えてしま

うということもあるかもしれません.

そこで,自分が研究を進める上で,最初は,新しさや広がりについての直感的な判断に頼っています.理論的広がりは,今まで見ていた現象がどれだけ異なって見えるのかということの直感,実践的広がりは,研究結果に対して,実務家がどの程度興味をもってくれるのかという直感です.

ただここで,気をつけなければならないのは,結局は,自分のこれまでの知識や知見が浅ければ浅いほど,論文は,新しく,広がりがあるように見えてしまうことです.実際に学部生だった頃は,自分の考えることがみなオリジナルで凄い理論につながるかのように勘違いしていたと思います.そこでのわくわく感は大事だとは思いますが,勘違いのままでは質の良い論文にはなりません.

勘違いを避けるためには,他人の研究を勉強し,様々な現象や実務家の直感に触れ,自分の真贋を見極める目を鍛えなければなりません.要は,既存研究の業績を踏まえつつ,それらに縛られず適度な距離をたもって,広がりや新しさを追求するのが良いのではないかと思っています.

冒頭でも述べましたように,上で書いたことは,論文の質に対する私個人の選択であって,それが正しいとも一般的であるとも思ってはいません.プロの研究者としてベースラインの質を満たすことは必須ですが,それ以降についてどのような選択が良いのかは,個人の目的,目標,思い,信念といったものによって異なるものなのだと思います.

[注]
1) 筆者が最初に読んだのは,元となった1992年のワーキングペーパーである.

[参考文献]
Ulrich, K. (1995). The role of product architecture in the manufacturing farm. *Research Policy, 24*(3), 419-440.
Langlois, R. N. & Robertson, P. L. (1995). Networks and innovation in a modular system: Lessons from the microcomputer and stereo component industries. *Research Policy, 21*(4), 297-313.
Porter, M. (1991). America's green strategy. *Scientific American*, Apr, 168.

執筆者紹介 (五十音順)

■ ■ ■

青島矢一 (あおしま・やいち)　一橋大学イノベーション研究センター教授　〈編者〉

一橋大学商学部卒業（商学学士），一橋大学大学院商学研究科修士課程卒業（商学修士），マサチューセッツ工科大学スローン経営大学院卒業（Ph.D.）
研究分野：イノベーションマネジメント
主な著書・論文：
　『イノベーションの理由：資源動員の創造的正当化』有斐閣，2012年（共著）
　『イノベーションの長期メカニズム：逆浸透膜の技術開発史』東洋経済新報社，2019年（共著）

浅川和宏 (あさかわ・かずひろ)　慶應義塾大学大学院経営管理研究科教授

早稲田大学政治経済学部卒業，ハーバード大学経営学修士（MBA），仏・INSEAD 経営大学院経営学博士（Ph.D.）
研究分野：グローバルイノベーション論，グローバル R&D マネジメント
主な著書・論文：
　Asakawa, K. (2020). Disaggregating the headquarters: Implications for overseas R&D subsidiaries' reporting and the subsidiaries' knowledge-sharing patterns. *Journal of Organization Design*, 9(19), 1-30. https://rdcu.be/b6UzH
　Asakawa, K., Park, Y., Song, J., & Kim, S. (2018). Internal embeddedness, geographic distance, and global knowledge sourcing by overseas subsidiaries. *Journal of International Business Studies*, 49(6), 743-752. https://doi.org/10.1057/s41267-017-0112-x
　Asakawa, K., Cuervo-Cazzura, A., & Un, A. (2019). Frugality-based advantage. *Long Range Planning*, 52(4), 14082. https://doi.org./10.1016/j.lrp.2019.04.001

淺羽　茂 (あさば・しげる)　早稲田大学大学院経営管理研究科教授

東京大学経済学部卒業，東京大学大学院経済学研究科博士（経済学），UCLA（Ph.D. in Management）
研究分野：競争戦略，企業戦略，産業組織
主な著書・論文：
　『競争と協力の戦略：業界標準をめぐる企業行動』有斐閣，1995年
　『ファミリー企業の戦略原理：継続と革新の連鎖』日本経済新聞出版，2022年（共著）
　Lieberman, M. B., & Asaba, S. (2006). Why do firms imitate each other? *Academy of Management Review*, 31(2), 366-385.

加藤俊彦 （かとう・としひこ） 一橋大学大学院経営管理研究科教授

一橋大学商学部卒業，一橋大学博士（商学），東京都立大学経済学部助教授などを経て，現職
研究分野：経営組織論，経営戦略論
主な著書・論文：
　『技術システムの構造と革新：方法論的視座に基づく経営学の探究』白桃書房，2011年
　『組織の〈重さ〉：日本的企業組織の再点検』日本経済新聞出版社，2007年（共著）

佐藤郁哉 （さとう・いくや） 同志社大学商学部教授

東京大学文学部卒業，東北大学文学研究科修了，シカゴ大学社会学部卒業
研究分野：経営組織論，社会調査法
主な著書・論文：
　『大学改革の迷走』筑摩書房，2019年
　『ビジネス・リサーチ』東洋経済新報社，2021年

島本　実 （しまもと・みのる） 一橋大学大学院経営管理研究科教授

一橋大学社会学部卒業，一橋大学大学院商学研究科博士課程修了・博士（商学）
研究分野：経営史
主な著書・論文：
　『計画の創発：サンシャイン計画と太陽光発電』有斐閣，2014年（英語版：*National Project Management: The Sunshine Project and the Rise of the Japanese Solar Industry*, Springer, 2020）
　『出光興産の自己革新』有斐閣，2012年（共著）

鈴木竜太 （すずき・りゅうた） 神戸大学大学院経営学研究科教授

神戸大学大学院経営学研究科博士後期課程修了・博士（経営学）
研究分野：組織行動論，キャリア論
主な著書・論文：
　『組織と個人：キャリアの発達と組織コミットメントの変化』白桃書房　2002年
　『関わりあう職場のマネジメント』有斐閣，2013年

武石　彰 （たけいし・あきら） 学習院大学経済学部教授

東京大学教養学部卒業，マサチューセッツ工科大学スローン経営大学院博士課程修了（Ph.D.）
研究分野：技術経営，企業間分業のマネジメント
主な著書・論文：
　『分業と競争：競争優位のアウトソーシング・マネジメント』有斐閣，2003年
　『イノベーションの理由：資源動員の創造的正当化』有斐閣，2012年（共著）

福嶋　路（ふくしま・みち）　東北大学大学院経済学研究科教授

東北大学経済学部卒業，一橋大学大学院商学研究科博士課程単位取得後退学，東北大学・博士
（経営学）

研究分野：地域企業論，企業家研究，クラスター，イノベーション，震災復興と地域

主な著書・論文：

　『ハイテク・クラスターの形成とローカル・イニシアティブ：テキサス州オースティンの奇跡
　　はなぜ起こったのか』白桃書房，2015年

　『大学発ベンチャー企業とクラスター戦略 』学文社，2005年（共著）

　福嶋路・権奇哲（2009）「資源創出理論序説」『Venture Review』14, 23-32

藤本隆宏（ふじもと・たかひろ）　早稲田大学教授，東京大学名誉教授

東京大学経済学部卒業，ハーバード大学ビジネススクール博士課程修了（D.B.A. ハーバード大
学）

研究分野：技術・生産管理

主な著書・論文：

　『生産システムの進化論：トヨタ自動車にみる組織能力と創発プロセス』有斐閣，1997年

　『生産マネジメント入門　Ⅰ・Ⅱ』日本経済新聞社，2001年

　『日本のもの造り哲学』日本経済新聞社，2004年

　『製品開発力：自動車産業の「組織能力」と「競争力」の研究』ダイヤモンド社，2009年（共
　　著）

山田幸三（やまだ・こうぞう）　大妻女子大学社会情報学部教授，上智大学名誉教授

神戸大学経済学部卒業，東京海上火災保険勤務を経て神戸大学大学院経営学研究科博士課程修
了・博士（経営学），放送大学客員教授，東北大学客員教授，大阪経済大学客員教授

研究分野：経営戦略，アントレプレナーシップ

主な著書・論文：

　『新事業開発の戦略と組織：プロトタイプの構築とドメインの変革』白桃書房，2000年

　『伝統産地の経営学：陶磁器産地の協働の仕組みと企業家活動』有斐閣，2013年

　『ファミリーアントレプレナーシップ：地域創生の持続的な牽引力』中央経済社，2020年

■質の高い研 究 論文の書き方
　　—多様な論者の観点から見えてくる，自分の論文のかたち

■発行日 —— 2021年 3 月26日　　初 版 発 行　　　　　　〈検印省略〉
　　　　　　2023年 3 月27日　　第 3 刷発行

■編　著 —— 青島矢一

■発行者 —— 大矢栄一郎

■発行所 —— 株式会社　白桃書房
　　　　　　〒101-0021　東京都千代田区外神田5-1-15
　　　　　　☎03-3836-4781　　fax 03-3836-9370　　振替00100-4-20192
　　　　　　http://www.hakutou.co.jp/

■印刷・製本 —— 藤原印刷株式会社

世界標準研究を発信した日本人経営学者たち
日本経営学革新史 1976-2000 年

小川 進 著

誰もが知る経営理論を世に出した経営学者たちは，どんな青春時代を送り，何に悩み，いかに壁を乗り越え，どう一歩を踏み出したのか。

本人が語る，生い立ちから，アイディアの着想，研究，発表までの経過やその背景。新しい研究方法や研究体制に果敢に挑戦する姿から，知的冒険の愉しさや仲間の大切さ・かけがえのなさが伝わる。他にはない素顔の研究者たちの記録がここにある。

ISBN978-4-561-16185-1 　　定価 2600 円

白桃書房

本広告の価格は定価です。消費税（10%）を含みます。

好 評 書

田村正紀 著

リサーチ・デザイン
経営知識創造の基本技術   定価 2619 円

田村正紀 著

経営事例の質的比較分析
スモールデータで因果を探る   定価 2970 円

田村正紀 著

経営事例の物語分析
企業盛衰のダイナミクスをつかむ   定価 2860 円

細川 健 著

租税法修士論文の書き方   定価 2500 円

デニス・トゥーリッシュ 著，佐藤郁哉 訳

経営学の危機
詐術・欺瞞・無意味な研究   定価 3700 円

白桃書房
本広告の価格は定価です。消費税（10%）を含みます。